乌合之众

群 体 心 理 研 究

[法] 古斯塔夫 · 勒庞_著 杨恩毅 李媛_译

Psychologie des foules

中国法制出版社
CHINA LEGAL PUBLISHING HOUSE

译者序：勒庞和他的“乌合之众”

夏尔-玛丽-古斯塔夫·勒庞（Charles-Marie-Gustave Le Bon，1841—1931）出生于法国中部小城诺让勒罗特鲁（Nogent-le-Rotrou），在图尔完成高中学业后，进入巴黎大学学习医学，并于1866年取得博士学位。但勒庞的兴趣并不在行医上，反而对理论研究更加关注。毕业后，他开始了写作生涯，撰写了多部在当时颇具影响力的医学文章和专著。1871年普法战争结束后，勒庞周游列国，足迹遍及欧洲、亚洲和北非，他的学术兴趣也逐渐从医学转向人类学，最终转到社会心理学上，并在这一领域发表了大量著作，比如《民族演变的心理法则》《社会主义心理学》《革命心理学》等。而1895年出版的《乌合之众：群体心理研究》则是他最成功的一部作品，这本书让他享誉世界，奠定了他“群体心理学奠基人”的地位。

回顾勒庞生活的年代，我们可以发现，这是一段欧洲乃至世界历史上风起云涌的时期。单从法国来看，自1789年法国大革命爆发到19世纪末期，法国先后经历了法兰西第一共和国、法兰西第一帝国、波旁王朝复辟、百日王朝、七月王朝和法兰西第二帝国，1871年普法战争结束后成立法兰西第三共和国。共和制和君主制在法国的政治舞台上你方唱罢我登场，伴随着高速的工业化和城市化，社会思潮风起云涌，人民参政议政的热情空前高涨。这些历史现实无疑给勒庞留下了很深的烙印，尤其是在普法战争期间，勒庞被召入法国陆军，亲眼见证了这场终结了法兰西第二帝国的战争以及巴黎公社的兴衰，这段经历对他的思想产生了深刻的影响，并最终体现在这本《乌合之众》中。有趣的是，《乌合之众：群体心理研究》的法文名只是“群体心理学”（*Psychologie des foules*），“乌合之众”实际上来自本书英文版的书名*The Crowd: A Study of the Popular Mind*。虽然并非出自勒庞本人，但“乌合之众”四个字却恰到好处地传达出勒庞对群体的态度。

全书含绪论共分为四个部分。首先，勒庞在绪论中开宗明义：这是一个群体的时代，决定政治生活的不再是君主和王权，而是由个体组成，却与个体完全不同的“群体”。勒庞坦言，群体的威力之大，“似乎要彻底摧毁现今的社会”，而人们对群体知之甚少，精英们对群体充满恐慌，但却没有人真正对群体进行研究。勒庞要做的，便是对群体心理进行“粗浅的概述”。

在正文部分，勒庞从内到外，从情绪到信仰，从群体的共性到群体的分类，对所谓的“乌合之众”展开了论述。勒庞在第一部分的开头给出了他所谓的“群体”的定义。勒庞认为，一群人聚在一起并不一定能构成群体，只有当他们组织起来，“所有人的情感和想法都趋于同一个方向”时，他们才能形成群体。一旦形成群体，个体的人格、智力、道德统统消失，全都让位于群体心理，遵从勒庞所谓的“群体心理的统一性法则”。这样的群体只受“脊髓”的影响，也就是说，他们只会遵循本能，因此变得冲动、多变且易怒，只要给群体施加刺激，他们就一定能产生反应，刺激一变，群体的反应也会立刻随之改变。此外，群体还易受暗示而盲从，表现出夸张而简单的情绪，因为只有这样，情绪才能被群体接受。而一旦群体接受了某种情绪，那么就会变得专横、偏执，对任何反对意见都会口诛笔伐、全盘否定。

处在这样亢奋的状态下，群体所能接受的观念一定是简单的，并且这些观念一定得在脑海里产生丰富的意象。勒庞认为，这是因为群体的推理能力十分低下，“甚至只能说是看起来像在推理而已”，而同时又具有强大的想象力。于是，群体只能通过意象来思考，“也只有意象才能给他们留下印象，从而成为行动的动机”。

在论述完群体心理之后，勒庞在第二部分讨论了群体意见和信仰产生的原因，因为在他看来，意见和信仰是群体行动的根源。在他看来，原因分为两类：间接因素和直接因素。间接因素是群体思想的“温床”，主要包括种族、传统、时间、政治制度、教育等，勒庞认为其中最重要的是种族、传统和时间，在勒庞眼里，政治制度和教育本身无法对群体产生作用，它们只不过是种族和传统的另一种表现形式罢了。

直接因素包括意象、口号、幻觉、经验等，它们能直接作用于群体，让群体立刻采取行动。实际上，这些让群体行动起来的直接因素都深深地根植于群体心中。正是因为群体具有冲动、多变、易怒、易受暗示、偏执、专横等特点，才让意象、口号、幻觉、经验这样主观且毫无逻辑的东西，轻而易举地便挑起群体行为。

除了上述因素以外，勒庞还着重探讨了领袖在发动群体时的作用。勒庞认为，前文探讨的各项因素必须通过一类人才能真正有效地运用到群体中，这便是领袖。群体的领袖要么是自己被某种想法催眠，从而不遗余力地去捍卫它的人，要么是具有持久意志力、不达目的绝不甘心的人。在勒庞看来，第二种领袖的影响力往往比第一种大得多。至于领袖发挥作用的手段，不外乎断言、重复和传染三种。领袖要把一个想法加诸群体并引导他们的行为，他既不需要也不可能利用推理和证据，只需要提出一个断言，并不断地重复，当重复的次数足够多，就会“形成一致性”，从而开启强大的传染机制。即使人们并非同处一地，领袖的断言和群体的情绪也能通过传染而波及每一个人。最后，勒庞总结了这些手段起作用的原因，那就是威望。勒庞说，历史上的伟人、伟大的作品、了不起的学说，都具有极高的威望。换句话说，这些人和事物对别人具有强大的吸引力，它“能够使我们全部的批判力瘫痪，在我们心中填满惊奇和崇敬”。

在这部分的最后，勒庞讨论了群体信仰和意见变化的限度。既然各种直接因素、间接因素、各类领袖都必须让群体产生意见和信仰，才可以发动群体行动，那么群体的信仰和意见是否存在一个变化的范围，从而能对这些因素和领袖的作用产生限制？勒庞的观点是，信仰难以建立，但只要建立了，要改变或动摇它便极其困难，而一旦信仰动摇甚至崩塌，那么它承载的整个文明、附着在它身上的社会制度，便跟着烟消云散，社会也会随之动荡不安。这实际上是勒庞对他所处时代的一种描述。与信仰相反，意见则十分多变，虽然它们是基于普遍性的信仰产生的，但每个时代都有新的意见和观念产生，也有旧的意见和观念消亡，群体的意见更是变化多端。但勒庞注意到，在他所处的时代，群体的意见格外多变，究其原因，勒庞认为有三个：一是“古老的信仰逐渐失去控制力”，不能再像以前那样引导意见的大体方向；二是“群体的力量不断增长，能与之抗衡的东西越来越少，他们极端多变的想法可以自由地表达出来”；三是“报纸的发展，将各种相反的观点不断地置于每个人面前”。

在阐述了群体的一般性特征之后，勒庞在最后一部分对具体的群体进行了分析。勒庞首先对群体进行了分类，他根据组成群体的个体是否具有相同的背景，将群体分为同质型群体和异质型群体。接着，他选取了罪犯、陪审员、选民和议员四种异质型群体进行论述。勒庞认为，虽然这些群体各不相同，但他们身上无不体现出智力和推理水平低下、易怒、易受暗示等特点，相当于用具体的案例验证了他前文中对群体的分析。

一百多年后的今天，当我们再次捧起《乌合之众》时，会轻易地发现这本书的局限性：种族主义观点、对社会主义的偏见、过激的精英主义、对群众运动无差别的轻蔑、断章取义甚至道听途说的例证等。但剔除这些瑕疵，我们可以看到，勒庞从社会心理学的角度，非常敏锐地观察到了群体互动的模式，而这种模式并没有随着时间的流逝而改变。并且，从当前的视角看《乌合之众》，我们甚至能发现勒庞对群体意见多变的论述已经触及大众传播的范畴，这对理解今天的舆论生态仍不乏指导意义。在互联网高度发达、人人都是自媒体的时代，读《乌合之众》无疑能够帮助我们更加深刻地认识社交媒体，提醒我们不要被舆论裹挟。这也许就是《乌合之众》在当下的意义。

近年来，国内出版了不少《乌合之众》的译本，其中不乏名家名译。我们作为青年译者，经验欠缺、才疏学浅，实在对译好这本社会科学领域的名著没有十足的信心。但承蒙中国法制出版社信任，我们鼓足勇气完成了本书的翻译工作，在此要特别感谢李佳和黄一迪两位编辑老师对我们译稿的打磨和修订。受译者水平所限，本书难免疏漏之处，还望读者不吝赐教。

译者

2020年12月于北京

作者前言

一个民族的全体成员受环境影响所继承的全部共同特征，构成了这一民族的心理。

这些源于祖先的特征十分稳定。然而，在不同原因的驱使下，当 定数量的人聚集起来时，我们可以观察到，在遗传自祖先的特征之上，又有新的特征出现，而这些特征往往同这一民族原有的特征十分不同。

这一整体构成了一个集体心理，十分强大却转瞬即逝。

群体总是在历史上起到十分重要的作用，到了今天更是无与伦比。群体无意识的行为取代了个人有意识的行动，成为当今世界的特征之一。

目录 CONTENTS

绪论：群体时代 ... 1

第一卷

群体心理

第一章

群体的一般特征及其思维统一性的心理法则 ... 13

第二章

群体的情绪与道德 ... 25

1. 群体冲动、多变、易怒 ... 27
2. 群体易受暗示、盲从 ... 31
3. 群体的情绪易夸张和简单化 ... 41
4. 群体偏执、专横且保守 ... 44
5. 群体的道德 ... 47

第三章

群体的观念、推理能力和想象力 ... 51

1. 群体的观念 ... 52

2. 群体的推理能力 ... 57

3. 群体的想象力 ... 58

第四章

群体信念的宗教外衣 ... 63

第二卷

群体的意见和信仰

第一章

群体信仰和意见的间接因素 ... 73

1. 种族 ... 75

2. 传统 ... 76

3. 时间 ... 79

4. 政治和社会制度 ... 80

5. 教化和教育 ... 84

第二章

群体意见的直接因素 ... 95

1. 意象、文字和口号 ... 97

2. 幻觉 ... 103

3. 经验 ... 105

4. 理性 ... 107

第三章

群体领袖及其说服的方法 ... 111

1. 群体的领袖 ... 112

2. 领袖行动的手段：断言、重复、传染 ... 119

3. 威望 ... 124

第四章

群体信仰和意见变化的限度 ... 137

1. 固定的信仰 ... 138

2. 群体易变的意见 ... 143

第三卷

不同群体的分类与描述

第一章

群体的分类 ... 153

1. 异质性群体 ... 155

2. 同质性群体 ... 157

第二章

所谓犯罪群体 ... 159

第三章

刑事法庭的陪审员 ... 167

第四章

选民群体 ... 177

第五章

议会 ... 189

绪论：群体时代

文明变革之前的剧烈动荡，乍看上去似乎是由重大的政治变革所决定的，比如外族的入侵或者王朝的覆灭。但是，通过对这些事件进行细致的研究，我们就会发现，在其表面原因之下隐藏着的真正原因其实是人们观念的深刻变化。真正的历史性动荡并非那些规模宏大、暴力残忍、让人震惊的事件。真正重大、带来文明更新的变革，是看法、观念和信仰的变化。人们思想上看不见的变化带来的可见后果，便是那些让人刻骨铭心的事件。而人们思想上的变化很少显露出来，因为人类最稳定的因素就是其代代相传的思想基础。

当今这个时代，正是人类思想发生转型的一个关键时期。

造成这一转型的根本原因有二。首先是宗教、政治和社会信仰的覆灭，而我们文明所有的要素都来自这些信仰；其次是产生了新的生活和思考条件，这是现代科学和工业的发明所带来的结果。

过去的观念尽管被动摇，但仍然十分强大，而那些要取而代之的观念正处于形成过程中，因此，现代意味着过渡与混乱。

这一时期显然混乱不堪，我们现在也无法知道最终会带来什么。我们以后的社会将建立在哪种基础理念之上？我们并不知道。但从现在开始，我们便可以预见，这些社会的组织中，将诞生一种新的力量。这种力量是真正支配现代社会的统治力量，即群体的力量。多少曾被笃定为真理的理念，如今都已消失殆尽，多少权力相继被革命摧毁。在这些理念和权力的废墟之上，只有这一种力量确立起来，而且看起来还会将其他力量吸收进来。就在旧时的信仰摇摇欲坠，相继消亡，支撑社会的陈旧柱子一根根倒塌之时，群体行动成了唯一的力量，没有任何东西能威胁它，它的威信不断增强。我们将要进入的时代，是名副其实的**群体时代**。

不到一个世纪以前，国家的传统政治和君主间的对立还是决定各类事件的主要因素，而群体的意见在绝大多数情况下都无足轻重。而如今，政治传统、君主的个人意志及其相互之间的对抗变得不再重要。群体的声音则具有决定性作用，这声音告诉君主如何行事。各国的命运不再由君主的谋臣决定，而是由群体的内心决定。

民众开始参与政治生活，并逐渐成为主导的阶层，这是我们所处的过渡时代最明显的一个特征。事实上，普选并非民众参与政治生活的特征，因为在很长一段时间内，普选没有什么影响力，并且一开始很容易被引导。群体力量的出现，首先表现为一些慢慢根植于人心的理念的传播，然后，一些个体逐渐联合起来，让当时仅仅流于理论的观念成为现实。通过联合，群体对他们的利益形成了非常明确但不一定正确的想法，同时也让他们认识到自己的力量。他们成立起工会组织，所有政治权力都在他们面前甘拜下风。他们建立劳工联合会决定工作条件和工资薪酬，却无视经济规律。他们向政府议会选派毫无主见和独立性的代表，这些代表最终只能充当选出他们的委员会的传声筒。

今天，群体的诉求越来越明确，似乎要彻底摧毁现今的社会，让其回到文明曙光出现之前人类普遍存在的原始共产主义社会。限定工作时间，剥夺矿产、铁路、工厂和土地的所有权，平均分配产品，为平民阶级消灭上层阶级，如此种种。这些都是他们的诉求。

群体鲜有理性，但却善于行动。当今的组织给予他们巨大的力量。我们看到新出现的信条，很快就会获得旧教义的力量，也就是那种暴君式的绝对力量，完全不容辩驳。神授的群权将取代神授的君权。

我们中产阶级喜爱的作家体现了他们些许狭隘的思想、短浅的目光、粗大的怀疑主义和时常过度的利己主义。作家们看着新生力量日益壮大，变得惊慌失措起来。为了不让精神混乱，他们开始绝望地呼吁教会的道德力量，而他们以前却对此深恶痛绝。他们大谈科学已经溃败，让我们聆听神圣真理的教诲。可是，这些新皈依的信徒忘记了，即使他们真的感受到了神圣的恩泽，但对于那些无所谓来世的人来说，这恩泽也并不能产生相同的力量。曾经的主人往日就否定的神祇，今日的群体已不再需要。河水不会倒流回源头。

科学并没有失败。当今人们精神的混乱，以及在这混乱中壮大的新生力量，与科学无关。科学承诺给我们的是真理，或者至少是凭借我们智力可以理解的相互关联的知识；但科学从未向我们承诺过和平和幸福。科学毫不关心我们的情感，也听不到我们的哀号。没有什么能找回早已被科学驱散的幻象。

世界各地的情况表明，群体的力量在所有国家迅速增强。无论这给我们带来什么后果，我们都必须承受，指责也毫无用处。群体的出现，也许标志着西方文明的最后阶段已经到来，这是全新社会开始之前的一段混沌时期，但如何阻止它呢？

到目前为止，群体最为明确的作用就是摧毁古老的文明。历史经验表明，当道德力量不再起到社会骨架的作用时，社会最终将被这些无意识而粗暴、称其为野蛮人也不为过的民众解体。直到今天，创造和引领文明的一直是少数知识精英，从来不是什么群体。他们只有摧毁的力量，由他们主导的时期必定充满混乱。文明需要固定的规则和纪律，需要从本能过渡到理性，需要有对未来的设想以及发达的文化。这些条件群体根本无法满足，因为他们完全放任自己，他们只拥有摧毁的力量，就像细菌分解病体或尸体。当一个文明的建筑已然千疮百孔时，群体便会使其轰然倒下，他们的角色正是在这种时候显现出来的。这时，盲目的人多势众便成为历史唯一的哲学。

我们的文明是否会面临相同的情况？我们可以担心这种情况会发生，但现在对此还一无所知。

让我们屈服于群体的统治吧，因为毫无远见的手已经相继推倒了所有能够抵挡他们的围栏。

人们开始谈论群体，但却对其知之甚少。专业心理学家的生活离他们很远，没有注意过他们，只有在考虑他们会犯什么样的罪行时才想到他们。也许的确存在犯罪群体，但高尚的群体、英勇的群体和其他各式各样的群体同样存在。群体犯罪，只是群体心理的一个特例。仅凭这一点，人们无法了解群体的心理状态，正如我们无法只通过描绘一个人的罪行来了解他的心理状态。

然而，实际上，世界上的伟人、宗教和帝国的创立者、各种信仰的传教者、杰出的政客，以及在更小一点范围内的小团体头目，都是心理学家却不自知。他们对群体的心理有一种出自本能却通常十分准确的认识。正因为他们十分了解群体，因此他们很容易便能成为群体的主人。拿破仑深刻把握住了法国人的群体心理，但有时候却对其他民族的群体心理一无所知。[①]这种无知让他卷入讨伐西班牙，尤其是俄罗斯的战争，最终导致他的覆灭。

对群体心理的了解，是政治家可以利用的资源。如今，政治家要想统治群体已经变得非常困难，但通过对群体心理的了解，他至少可以不完全被群体统治。

群体的心理表明，法律和制度对群体的冲动本性所起的作用微不足道，群体无法拥有任何意见，除了那些暗示给他们的意见以外。从纯粹理论中衍生出来的公平的规则无法指引他们，只有印刻在他们心里的印象才能诱导他们。例如，如果一位立法者想征收新税，他是否应选择理论上最公平的税？绝对不是。对于群体来说，最不公平的税在实际中却可以是最好的，只要它看起来最轻、最不引人注意。所以，一种间接税，即使数额巨大，也总能为群体所接受。这种税每天从日常消费品上预先收取一笔微小

---

① 他那些最高明的谋士比他也强不了多少。塔列朗（Talleyrand，1754—1838，法国著名政治家和外交家，拿破仑时代曾任宫廷侍卫长和外交大臣等职——译者注）在写给他的报告中说，“西班牙人像迎接解放者一样迎接他的军队”。但实际上，西班牙像对付野兽一样迎接他们。一个了解西班牙人遗传本能的心理学家应该可以预见到这一点。

的数目，因此不会对群体平常的习惯造成困扰，他们也留意不到。如果换成按薪水或者其他收入的比例征收，且一次性收取，即便数额只是前面那种税的十分之一，也会招来全体抗议。事实上，没人会注意每天支出以分毫计的钱，而换成一次性支出后，数目相比之下就会更大，很容易让人觉察。只有在每天支出小笔金额的情况下，才不会被察觉。但这样的经济手段需要具有相当的远见卓识，而这是群体无法做到的。

通过上面这个例子我们可以看清群体的精神状态。拿破仑这位心理学家看到了这一点，然而，对群体心理一无所知的立法者就不理解这一点。经验还没有让他们认识到，人们永远不会只按照纯理性的要求行事。

利用群体心理还可以做许多其他事情。对群体心理的了解，可以解释许多历史和经济现象，如果不了解群体心理，就无法理解这些现象。

即便只是出于好奇，也值得我们对群体心理进行研究。考察支配人们行动的原因，与研究矿石或植物一样有意思。

本书对群体心理的研究流于简要的综述，即对我们研究的简单概述只是一些粗浅的意见，其他人可以更深入地研究。我们今天只是在一个几乎无人涉足的领域勾画几笔轮廓。[①]

---

① 有少数作者研究过群体心理，但正如我前文所说，他们只从犯罪的角度去考察。关于这一主题，我只写过一个短篇文章，因此提示读者关注塔尔德先生的研究，以及西格尔先生的一本小书《犯罪的群体》(*Les foules criminінelles*)。作者在书中没有罗列其个人观点，只是汇集了许多珍贵的事实材料，有助于心理学家的研究。我对群体道德品行和犯罪行为的观点，与这两位作者完全不同。

在我的多部作品，尤其是《社会主义心理学》(*La psychologie du socialisme*)中，可以看到作用于群体心理法则带来的后果。这些可以用于各种主题的研究。近期，布鲁塞尔皇家音乐学院的院长A.格瓦埃尔特先生将我提出的原则很好地运用到他的一部有关的音乐作品中，他称之为“群体艺术”。这位杰出的教授将他的论文寄给我，并在信中写道：“您的两部著作让我解决了以前我认为无法解决的问题：一部音乐作品，无论是当代的还是古典的，是本土的还是国外的，是简单的还是复杂的，只要演奏得十分出色，指挥热情饱满，那么群体就很容易接受它。”格瓦埃尔特先生很好地证明了，为什么“一些资深的音乐家独自在乐室里阅读乐谱，却怎么也看不懂的作品，有时候能一下子被那些毫无音乐技巧的听众所理解”。他同样很好地解释了为什么这些美学感受不会留下任何痕迹。

第一卷

群体心理

第一章

群体的一般特征
及其思维统一性的心理法则

在一般意义上，“群体”一词是指一群个体的任意组合，无论其国籍、职业和性别，也不管是什么偶然的机遇让这些个体聚集在一起。

从心理学角度来看，“群体”一词具有另一种含义。在一些特定的情况下，并且仅在这些情况下，聚集的人群具有一些全新的特点，与构成群体的个体的特点十分不同。有意识的人格消失殆尽，群体中所有人的情感和想法都趋于同一个方向。一个群体的心理由此形成，它也许是过渡性的，但已经具备一些十分明确的特征。于是，集体就变成一个我称之为“组织起来的群体”的东西——对此我没有更好的叫法——或者也可以叫作“心理群体”。群体变成了一个单一的存在，遵从**群体心理的统一性法则**。

个体偶然地聚在一起，并不能因此具有一个有组织的群体的特征。上千个个体聚集在广场上，如果没有特定的目标，就不能构成一个心理学群体。要获得特别的特征，还需要有一些刺激物施加影响，我们在后面会确定这些刺激物的性质。

有意识的人格消失，每个人的情感和思想都指向同一个方向，这就是正在组织起来的群体的初步特征，但这并不意味着这些个体必须同时出现在同一个地点。在某个特定的时刻，成千上万个彼此分离的个体在某种强烈情感的作用下，例如一件国家大事，也可以具备心理群体的一些特征。只需一个偶然的机会将他们聚合起来，他们的举止就能马上带上群体行动的特点。历史上，有时候十来个人就可以组成一个心理群体，但偶然聚集起来的千百人也不一定能构成一个心理群体。另外，有时候全体民众在某种影响的作用下，即使看起来没有聚集在一起也能形成一个心理群体。

心理群体一旦形成，就具备一般性的特征。这些特征存在的时间虽然短暂，但却可以捕捉到。在这些一般性特征之上，还存在附加特征。构成群体的元素不同，群体的思维结构也不同，这些附加特征也不同。

由此，我们可以对心理群体进行分类。分类的研究将向我们表明，一个完全异质的、由不同要素构成的群体，其特征可以与那些同质的、由大体相近的要素（派别、等级和阶级）构成的群体相同。除了这些共同特征之外，还存在一些特殊性可以将他们区分开来。

我们在讨论不同类别的群体之前，首先检查一下所有群体都具备的共同特征。我们和博物学家一样，先确定一个科的一般性特征，然后再确定这一科里不同属和种所特有的特征。

描述群体心理并不容易，其组织不仅随集体的种族和结构而变化，而且还根据刺激物的性质和程度而有所不同。实际上，对任何个体的心理学研究都一样困难。小说里一个人的性格总是一成不变的，但真实的生活中却并非如此。只有环境的一致性才会带来性格上明显的一致性。我在其他著作中已经指出，所有的心理结构都包含各种性格的可能性，并在环境突变的作用下显现出来。正因如此，法国国民公会中那些最残暴的成员也都是些毫无攻击性的中产阶级。在正常的环境中，他们可能就是和蔼的公证人或者公正的法官。风暴横扫过去之后，他们又回归正常。拿破仑在这些人中间找到了他最温顺的臣民。

在这里，我们无法对群体形成的各阶段进行研究，所以集中研究群体已经完全成形的阶段。由此，我们将看到他们群体会演变成什么，而非平时的样子。也只有在这个组织化的高级阶段，种族那些不变而具有支配性的特征之上，才会出现全新的特征，从而使集体中所有的情感和思想趋于同一个方向。只有在此时才会出现我上面所说的**群体心理的统一性法则**。

有些群体的心理特征在单独的个体身上也存在，其他一些特征则只出现在群体身上。我们首先研究这些特殊的特征，以阐明其重要性。

一个心理群体表现出的最令人吃惊的事实是：构成这个群体的人，不管他们是谁，不管他们的生活方式多么类似或者差别巨大，不管他们从事何种职业，不管他们的性格或者智商如何，只要成为一个群体，他们就拥有了集体心理。一旦有了这种心理，他们的感知、思考和行为方式会与他们独自一人时完全不同。有些想法和情感只有当个体成为群体时才会出现，或者落实到行动上。心理群体是一个临时性的存在，构成群体的异质性元素只在一定时间内整合在一起，就像是一个活体内的细胞，聚合形成新的个体，其特征与每个细胞单独的特征完全不同。

我们惊讶地发现，像赫伯特·斯宾塞[①]这样深刻的哲学家也认为，由群体构成的聚合只是其要素的总和或是平均值。但实际却相反，聚合中会有新的特性产生并组合在一起，就像化学反应一样。一些元素的共存，比如碱和酸，就会组合从而产生新的物质，其属性不同于形成它的那些旧物质。

我们很容易发现群体中的个体与孤立的个体不同，但其原因却没那么容易发现。

要找到其中的原因，首先需要记住现代心理学观察所得的一个结论：无意识不仅存在于有机体的生活中，而且在其智力活动中也起着决定性作用。与无意识的生活相比，精神有意识的生活只是很小一部分。再透彻的分析，再具洞察力的观察者，也只能看到精神无意识的动机中很小的一部分。我们有意识的行为来自一个无意识的基础，这个基础主要由遗传决定，包含祖先留下来的许多东西，构成了一个种族的

① 赫伯特·斯宾塞（Herbert Spencer，1820—1903），英国哲学家、社会学家、教育家，“社会达尔文主义之父”，所提出的一套学说把适者生存的生物进化理论应用在社会学，尤其是教育上。——译者注

核心。我们的行为可以得到解释，但在这些明确的原因背后，隐藏着不为人知的秘密原因。我们大部分的日常行为都是这些隐秘动机的结果，不为我们所了解。

一个种族核心中无意识的要素，造成了其个体之间的相似之处。有意识的要素，包括教育的结果，以及主要来自遗传，导致了个体之间的不同。智力相差极大的人，其拥有的本能、激情和情感却大体相似。在构成情感的所有要素中，包括宗教信仰、政治倾向、道德评价、个人好恶等，即使是最杰出的人也很少超过平凡的人。著名数学家和他的鞋匠之间可能在智力上存在不可逾越的鸿沟，但性格和信仰的差别却常常很小，甚至没有丝毫区别。

这些性格上的普遍特征由无意识支配，在一个种族中，大部分正常人都在同等程度上拥有它们。这些特征为群体所共有。集体心理中，人们的智力，以及因此产生的个性消失了。异质性淹没于同质性，无意识的特征占据了主导。

这些共有的普遍特征为我们解释了为什么群体无法完成智力要求较高的行动。一群优秀且不同专业的人组成的议会，为共同利益而做出的决定并不比一群傻瓜聚集起来所做的决定更好。实际上，他们只能把所有人的平庸特征结合起来。

群体叠加的并非智力，而是平庸。事实并非总像人们说的那样，大家结合起来要比伏尔泰更聪明。如果“大家”代表的是群体，那么，伏尔泰一定比大家更聪明。

但如果群体中的个体只是把他们的平庸融合在一起，那就只会是平庸的平均值，而非前文所说，产生新的特征。那么这些新特征是如何产生的呢?

许多原因造成了群体所特有的特征。第一个原因，群体中的个体只是出于数量增加的原因，会感到拥有不可战胜的力量，于是可以释放出自己的本能，而他独自一人时，是肯定会克制这些本能的。群体不具名，因此也不用负责任。于是，一直压抑个体的责任感便完全消失。所以，个体会尤其屈从于本能。

第二个原因，情绪的相互传染也同样会出现，从而让群体产生特有的特征，同时决定群体前进的方向。传染很容易被观察到，但对它的解释还不够。它具有催眠性质，我们之后将会对其进行研究。在一个群体中，一切情感和行为都具有传染性，且强大到个体可以为了集体利益轻易牺牲个人利益。这是一种违背人天性的特质，人只有在属于一个群体的情况下才能做到。

第三个原因，也是最重要的原因。正是这个原因，使群体中的个体表现出一些与独立个体本身特征针锋相对的特点。这便是暗示。上面提到的情绪的相互传染其实也是暗示造成的结果。

要理解这一现象，我们需要知道生理学的一些最新发现。我们现在知道个体能够进入这样一种状态：在丧失有意识的个性之后，他会听命于让他丧失个性的操控者，服从操控者给他的暗示，做出完全违背他性格和习惯的行为。通过认真观察我们可以确定，个体在沉浸于行动中的群体一段时间后，很快就会进入一种特殊的状态，这种状态与被催眠者受催眠者诱导的状态十分类似。个体进入这种状态的原因，可能是受到了群体发出的气息的影响，或是其他未知因素。被催眠者的大脑已经不再运作，他便成为自己无意识行为的奴隶，任由催眠者摆布。有意识的个性消失，意志和判断力也不存在。情感和思想全都会顺着催眠者指定的方向发展下去。

这大致就是群体中个体的状况。他已经意识不到自己的行为，就像一个被催眠的人，自身一部分能力被摧毁的同时，另一部分能力可能被极端激发。一个暗示，就可以驱使他做出某些行动，这种力量无法抗拒。而群体中的暗示比催眠者更加强大，使人无法抗拒，因为群体中所有人都受到同一个暗示，这个暗示在相互影响下会变得更加强烈。群体中个性强大到可以抵御暗示侵袭的人实在太少了，他们最终会被人流所裹挟。他们能做的，最多就是用另一种暗示来产生分歧。一句悦耳动听的话，一个恰到好处的形象，有时就能阻止群体的血腥行动。

因此，群体中个体的主要特征包括：丧失有意识的人格；任由无意识人格作威作福；在受到暗示或情感及思想的传染时，全体都奔向同一个方向；将暗示中的观念马上付诸实践。群体中的个体已经不再是他自己，而是一个木头人，不再听从自我意志的指挥。

人仅仅因为从属于一个群体，他就从文明的阶梯下坠了好几级。独自一人的时候，他可能会是个有教养的人，但在群体中，他就只会凭本能行事，也就成了蛮夷。他拥有原始人不经思考、暴虐残忍、热情勇猛的特点。他还容易受到一些话语和图像的刺激，被诱导做出明显会损害自身利益的行为，这一点也和原始人相似。群体中的个体就像沙堆中的一粒沙，风轻轻一吹就扬了起来。

因此我们看到，陪审团作出的判决是每一名陪审员独自一人时都会反对的，议会投票通过的法律或政策是每一位议员独自一人时都不会同意的。国民公会的议员都是平和的小资产阶级，但一旦聚集成群体，在某些煽动者的影响下，他们会毫不犹豫地将明显无辜的人送上断头台；而且他们甚至会不顾自身利益，放弃作为议员的豁免权，将自己处死。

群体中的个体并非都是通过行动而异于正常的自我。在丧失独立性之前，他的想法与情感就已经发生了变化，变化之大，甚至可以将吝啬鬼转变为浪荡子，让怀疑论者成为忠实信徒，让守法者变成犯罪者，让懦夫变成英雄。1789年8月4日，那个著名的晚上，在那个激情洋溢的时刻，贵族们投票放弃自己所有的特权，如果让他们单独表决，这个决议一定不会被通过。

综上所述，群体的智力总是比个体的智力更低。但从情感上，以及由情感带来的行动上看，根据群体所处的不同环境，群体可能比个体更好，也可能更坏，一切都取决于群体受到的暗示。仅从犯罪角度研究群体的作者，对此一无所知。群体常常蜕变为罪犯，这一点可以肯定，但他们常常也是英雄。为了一种信仰或者信念，群体成员可以轻而易举地去死。人们可以让群体热情洋溢地为了荣耀和荣誉而战，就像十字军东征时，即使没有面包，没有武器，也要从异教徒那里将基督之墓拯救出来；又或者像在1793年，为了保卫祖国而做出的行动。显然，这时的英雄主义是有些无意识的，但历史正是由这样的英雄主义所写就。如果我们只能提到民众冷静而理性的伟大行为，那么全世界的史志上就只会记下极少几个史实。

第二章

群体的情绪与道德

在上一章，我们十分笼统地点明了群体的主要特征。现在，我们就来仔细研究这些特征。

群体有许多特征，如冲动、易怒、无理性思考、缺乏判断力和批判性思考、情感夸张，如此种种，在一些进化程度不高的生物身上同样也能看到，比如野人和儿童。我只是在这里顺便提到这种相似性，对这一观点的证明已经超出了本书的范围。

现在，我就把在大多数群体中可以很容易观察到的几个特征一一进行论述。

1. 群体冲动、多变、易怒

在研究群体的基本特征时，我们就提到，群体基本上只由无意识引导。群体成员的行为更多的是受脊髓的影响，而并非听从大脑的指挥。群体的行动在执行上可以是完美无瑕的，但由于个体并非受头脑指挥，因此会在受到偶然的刺激后行动。群体就像外在刺激的提线木偶，不断地反映着这些刺激的种种变化。所以，群体是所遭受的各种刺激的奴隶。孤立的个体与群体中的个人一样，会受到相同的刺激，但理性会告诉孤立的个体，受制于这样的刺激会带来哪些坏处，于是他便可以不受制于这样的刺激。我们在心理学上可以这样描述这一现象：个体具有控制自身反应的能力，而群体则不具备这样的能力。

群体受制于各种冲动，其来源各有不同，冲动可以是宽厚的，也可以很残酷，可以无比英勇，也可以十分幼稚。但无论是哪种情形，冲动一定是不可遏止的，完全没必要回避它们。

各种各样的刺激都能对群体产生暗示效果，而群体又总是受其影响。因此，群体总是变化多端。我们看到，群体可以由最血腥残忍的无情，在一瞬间转变为最慷慨宽厚的英勇。群体既容易成为刽子手，也很容易成为烈士。为了信仰，群体血流成河也在所不惜，我们无须回顾英雄时代就能看到群体可以有怎样的壮举。在骚乱中，群体可以毫不顾惜自己的生命。不久前，一位将军突然受到了民众的支持，轻而易举地聚集起十万兵马，时刻准备为他的事业献身。[①]

因此，群体身上没有什么是事前定好的。在当时所受刺激的影响下，群体可以轻易地从一种情绪滑向完全对立的另一种情绪。他们就如同被暴风吹起的树叶，飘向四面八方，然后自己落下来。对革命群体的研究为我们提供了一些案例，从中我们可以看到群体多变的情绪。

---

① 指乔治·布朗热将军（Georges Boulanger，1837—1891）。1880年，布朗热成为法国最年轻的将军。1886年，经“法兰西之虎”克列孟梭推荐，布朗热出任陆军部长。当时，许多法国人认为他能够洗清法国战败于普鲁士的耻辱，但他大肆煽动对德国的复仇主义情绪，谴责政府抛弃阿尔萨斯和洛林，招致法国政府不满。1887年6月，法国政府改任他为驻克莱蒙费朗13军团司令。布朗热利用群众对共和派政府的不满，离开军队，投身政界，以谋取政权。1888年2月，布朗热派的《军帽徽》报积极宣传他提出的修改宪法及解散议会的主张，得到反政府各派的支持，全国掀起崇拜布朗热浪潮。同月，新成立的共和国政府决定以阴谋颠覆国家罪逮捕他。4月1日，布朗热逃亡比利时。8月14日，法国最高法院缺席判处他终身监禁。1891年9月30日，布朗热在布鲁塞尔附近自杀。——译者注

群体多变，因此非常难以管理，尤其在一部分公权力落入他们手中的时候，如果没有日常琐事在各种事件中起到隐形调节作用的话，那民主就很难存在下去。群体虽然会狂热地想要得到某些东西，但欲望却不会持续。他们的意志和他们的思想一样，毫无持久性可言。

群体并非只是冲动多变，与野人一样，他们无法容忍在产生欲望之后，有任何障碍挡在他们实现欲望之路上。尤其是人数众多时，他们觉得自己的力量不可阻挡。对于身处群体之中的个体，“不可能”的观念消失了。孤立的人很清楚，自己不可能一人烧掉一座宫殿，或者抢劫一所商场，因此他不会产生这样的冲动。但只要他成为群体的一部分，他就能意识到，人数众多能带给他力量。一旦有杀戮和抢劫的暗示，他就会马上付诸行动，任何意想不到的障碍都会被他狂热地打碎。如果说人体可以持续地疯狂，那么我们可以说，狂暴正是受到阻碍的群体的常态。

群体易怒、冲动且多变，此外，我们后面还会研究其他大众情绪。所有这些情绪都摆脱不了种族基本特征的影响。种族的基本特征是不变的土壤，人们的情绪从中萌芽。毫无疑问，群体易怒、冲动，但在程度上却大不相同。例如，拉丁民族的群体与盎格鲁－撒克逊民族的群体就有十分明显的差别。我们历史上近期发生的一些事件就很能说明问题。1870年，一份简单的电报公布于众，因为上面提及可能发生了一起侮辱性事件，从而民愤四起，一场可怕的战争随之而来。①没过几年，法国在越南谅山吃了一场败仗，并没有什么大不了的。消息通过电报传来，再一次引发愤怒，政府随即被推翻。而与此同时，英国远征军在苏丹喀土穆大败，但这件事只在英国荡起了一点小涟漪，更没有大臣被撤职。任何地方的群体都很女性化，但最女性化的当数拉丁民族的群体。任何依赖拉丁民族的群体都可以爬得很高、很快，但就好像时刻处在塔尔皮亚岩石②旁边，总有一天会掉下来。

---

① 指爱姆斯急电，即经普鲁士首相俾斯麦窜改的普王威廉一世的电报。1870年普鲁士与法国在西班牙王位继承问题上发生争执。7月13日，法国大使贝内德蒂奉命到德国西部威廉一世的休养地爱姆斯（Ems），要求普王保证“将来任何时候”都不同意霍亨索伦家族成员为西班牙国王候选人。普王表示拒绝，并将此事电告首相俾斯麦。俾斯麦乘机窜改电文内容，使之具有挑衅的口吻并予公布，拿破仑三世感到受了侮辱十分恼怒，7月19日对普宣战，普法战争由此爆发。——译者注

② 塔尔皮亚岩石（Roche Tarpéienne）位于罗马卡皮托尔山上，是罗马人的行刑地，罪犯从上面被扔到山下。——译者注

2. 群体易受暗示、盲从

我们说到，群体的一个一般特征就是特别容易受到暗示。我们也论述了一个暗示在任何聚集起来的人群当中，都是会传染的。这就解释了为什么情绪可以迅速转向同一个方向。

我们即使假设群体是中性的，在更多的情况下，它都会处于期待之中，这使得暗示很容易被接受。第一个暗示一旦出现，很快就会传染给每一个大脑，同时确定方向。受到暗示的人，其固有的观念可以随时转化为行动。无论是烧毁一座宫殿，还是献身的壮举，群体都会做。所有一切都取决于刺激物的性质，这与孤立个体不同。对于后者，这取决于个体被暗示采取的行动，与反对采取行动的理性之间的强弱对比。

因此，群体一直徘徊在无意识的边缘，接受所有暗示，受情绪暴力的驱动——这些情绪暴力只有不具备理性的人才会有，同时又没有批判力，只能表现出极度的盲从。对群体来说，并不存在什么“不可能”。我们只有认识到这一点，才能理解为什么会出现那些光怪陆离的传奇和故事，并且四处传播。[①]

群体中轻易传播的传奇，并不只是彻底盲从的结果，另一个原因是，那些元素经过聚集在一起的个体的想象，会被严重歪曲。再简单的一起事件，在群体看来，都是变了形的。群体通过意象思考，挑起一个意象之后又能发散出一系列意象，而这些意象与第一个意象没有任何逻辑关系。理解这种状态很容易：有时候我们随便提到一件事，就会引出许多奇怪的想法。理性能够指出前后不一致的地方，但群体却看不到。群体的想象力在事件的基础上添油加醋，同时又把各种东西混淆起来。群体无法把主观因素从客观事实中剥离开，把脑海中形成的意象视作真实的存在。但其实在大多数情况下，这些意象与所观察到的事实之间，仅有微弱的联系。

群体成员的性格各不相同，因此群体对事件的曲解可以有千千万万，曲解的方式也各不相同，但实际上却并非如此。通过传染，集体中所有的个体对事件的曲解，都具有相

① 经历过巴黎之围的人就经历了许多群体轻信绝不可能发生的事情。在楼房上点蜡烛，就立刻会被当作是在向城外的敌军发信号。只要稍微思考，哪怕两秒钟就会明白，这么微弱的烛光，是不可能在几里之外看到的。

同的性质和意义。群体中有人首次对事件施加的曲解，会成为传播出去的暗示的核心。圣乔治出现在耶路撒冷墙上，所有十字军战士都看到了，但肯定只有一个人看到了这个场景，而通过暗示和传染，所有人都接受了。

这就是历史上频繁出现的幻觉的运行机制。真实性的所有特征这些幻觉似乎无一不缺，因为千千万万的人都看到了那些现象。

这一原则并不与组成群体的个体的精神品格相矛盾。个体的精神品格无关紧要，一旦他们组成群体，无知的人和知识渊博的人都不具备洞察能力。

这一理论看起来自相矛盾。我们需要大量的历史事件来证明这一点，再写几册书也不够。

但我也不想让读者觉得我口说无凭，因此我在这里随便举几个例子。这样的例子还有很多。

下面这个例子就是最典型的一个事件，这个事件是从许多集体幻觉中挑选出来的，这些幻觉对各类个体（有知识的、没知识的）组成的群体都产生了影响。事件由海军上尉尤利安·费利克斯不经意间在他有关海流的著作中记录下来。

巡航舰“美雏号”在海上航行，搜寻在风暴中失散的

“摇篮号”小船。当时是白天，天气晴朗。突然，瞭望水手发现有一艘遇难的船只，所有船员都朝他指出的方向望过去。所有人，包括军官和水手，都清楚地看到一只载满了人的木筏，被几只小艇拖着，正向外发出遇难的信号。海军元帅德弗塞派人登上一艘小船，赶去救助遇难者。小船接近时，水手和军官都“看到骚动的人群伸出手，还听到沉闷的声音，和许多混杂在一起的人声”。但当他们来到这只所谓的木筏跟前时，却只看到几根长满树叶、从附近海岸漂过来的树枝。在一目了然的证据面前，幻觉消失了。

这个例子清晰明了地展示了我们之前解释过的集体幻觉的机制。一边是自带心理预期的群体，另一边是瞭望水手示意海上有遇难船只的暗示。通过相互传染，这一暗示被在场的所有人——无论是军官还是水手——都接受了。

群体的人数不用多，就可以摧毁其正确观察的能力，让毫不相干的幻觉替代真正的事实。几个个体聚在一起就可以成为群体。即使是杰出的学者，只要他们面对的问题超出了他们的专业范畴，他们就会具备群体的所有特征，每个人所具备的观察能力和批判精神都消失殆尽。

著名的心理学家达维先生给我们提供了一个有趣的例子，

《心理学年鉴》上有过报道，我们可以在此引用。达维先生召集了一批杰出的观察人士，其中包括英国最著名的学者华莱士先生。达维让他们检查了所用的物品，他们可以随意在任何地方做标记。然后，达维当着他们的面演示了一遍那些经典的神迹现象，比如意念的显像、岩石上莫名出现的文字等。这些著名的观察者后来都报告说，他们所观察到的这些现象只可能由超自然手段才能造成。接着，达维公布说，这些其实只是最普通的欺骗手段。报道的作者写道："达维先生的实验最让人震惊的地方不在于他的招数很了不起，而在于那些不懂行的目击者的报告不堪一击。"作者说道："目击者可以报告许多肯定，但却是完全错误的信息。由此带来的结果是，**如果人们认为他们的描述是正确的**，那么他们所描述的现象，是用骗术无法解释的。达维先生采用的手法简单至极，让人惊讶于他居然真的敢这么做。但这种做法对群体思想的影响力巨大，能让他们以为看到了自己并未看到的东西。"这同样是催眠者对被催眠者的作用。我们看到这种影响力作用于高智商，且一开始都持有怀疑态度的人身上，这时就更能够想象出普通的群体是多么容易就能产生幻觉。

类似的例子不胜枚举。几年前，报纸报道了一起塞纳河里打捞出两个淹死的小女孩的事件。十几个目击者言之凿凿地辨认了尸体。法官一看每个人的说法都出奇地一致，也没有产生任何怀疑，并签发了死亡证明。但是，就在两个女孩即将入殓之时，人们偶然间发现，所谓的遇难者还活得好好的，她们只是有一点点像淹死的样子。这和上述的诸多例子一样，第一位目击者受到幻觉的影响，他确定的说法就可以给其他所有人带来暗示。

在类似的情况下，暗示的起点经常是一个个体由于或多或少模糊的回忆而出现的幻觉。接着，最开始出现的幻觉，通过不断的确认传染给别人。如果第一个观察者足够敏感，只要他以为辨认出的尸体有一个特点，如有一道伤疤，或者特别的打扮——虽然这些细节根本并不相似——他就会联想到另外一个人。这个冒出来的想法就会成为一种凝结的核心，入侵整个理解系统，一切批判力都会陷于瘫痪。由此，观察者所看到的已不是对象本身，而是他心中的形象。这就解释了为什么即使是亲生母亲，在辨认自己孩子尸体的时候也会出错。下面这个例子已经发生了很久，恰好可以用来解释我提到的两种暗示是如何发生的。

孩子由另一个孩子认出，但他认错了人，由此便引发了一连串的错误。

人们目睹了一件十分奇特的事情。就在小学生认出尸体之后的第二天，一位妇女叫道："啊！上帝啊，这是我的孩子！"

人们将她带到尸体旁。她查看了遗物，发现额头上有一道伤疤。"就是他，"她说道，"我那可怜的儿子，七个月他就不见了，他被人拐走杀害了！"

这位妇女是福尔街上的一个看门人，她的儿子名叫夏汪德莱。众人把她妹夫也叫了过来。他毫不犹豫地说道："这就是小菲利贝尔。"许多福尔街上的居民都认出他就是菲利贝尔·夏汪德莱。他学校的老师也这么说，因为他看到了一块奖章。

然而，邻居、妹夫、学校老师和母亲本人都认错了。六周以后，小孩的身份确认，小孩来自波尔多，在波尔多被杀后运到巴黎。①

① 《闪电报》，1895年4月21日。

我们需要注意的是，这种辨认大多由女人和小孩来完成，而他们是最容易受影响的人。这表明了诸如此类的证词在法律上有多大的价值。特别是小孩的证言，实在不应采信。法官总说，这么大的孩子不会撒谎，似乎这是众人皆知的事。但只要有一点心理学知识，他们就会知道，事实正好相反，这么大的孩子几乎一直在说谎。也许这些谎话并无恶意，但仍然是谎话。对于被告是否应该被定罪这样的事情，与其采信一个孩子的证词——正如我们常常做的那样——还不如扔硬币来得准。

至于群体观察到的现象，我们可以下这样的结论：集体做出的观察是所有观察中最容易犯错的，而且往往是一个个体的幻觉而已，只是这幻觉通过传染，给了其他所有人暗示。

诸多事实证明我们不能轻信群体的证词。在色当战役中，成千上万的人都目睹了那次著名的骑兵冲击。但是，目击者的证词相互矛盾，我们无从知道谁指挥了这次战斗。在最近的一本书中，英国的吴士礼将军[①]证明了，在滑铁卢战役中，

① 即加尼特·约瑟夫·沃尔斯利（Garnet Joseph Wolseley，1833—1913），中文名为吴士礼，英国陆军元帅，总司令。曾参加第二次鸦片战争，火烧圆明园。——译者注

人们在一些最重要的事实上犯了许多严重错误，而这些事实都有几百个目击者证实。[1]

所有这些例子都表明了群体的证言的价值。在逻辑学论文中，一致的证词是事件准确性最可靠的证据之一。但是，群体心理学却告诉我们，这些论文在这一点上的错觉有多大。最值得怀疑的事情恰恰是由大多数人观察到的。说有千万个目击者看到了一个事情，其实就是说，真正的事实与大家的说法十分不同。

从上述分析可以看出，我们应该把历史书都当作纯粹想象的著作。它们都是对没有好好观察过的事物进行天马行空式的叙述，与其相伴的还有事后形成的评论。如果过去没有给我们留下文学艺术作品和建筑，我们就完全不知道真实的

---

① 我们能知道一场战役的过程吗？我对此十分怀疑。我们知道谁赢谁输，但可能仅此而已。达尔库尔先生是索尔费里诺战役的亲历者和见证者，他对这次战役所说的话应该适用于所有战斗："将军们（自然是接到了几百名目击者传来的信息）交出他们的正式报告；负责下命令的军官们则在这些文件的基础上进行修改，然后写出最终的计划；参谋长反对这一计划，并根据新情况重写计划。新计划被送到元帅手中，元帅大喝一声：'你们全都搞错了！'他又重新起草了一份计划。这份计划和最初的报告相比，几乎已经完全不同。"达尔库尔讲的这个事情证明了，即使是最引人注目的、观察研究得最清楚的事情，我们也无法还原其真相。

情况。像赫拉克勒斯①、释迦牟尼、耶稣和穆罕默德这种在人类历史上发挥过重大作用的伟人，我们对他们的生平知道一句真话吗？很可能不知道。说到底，他们真实的生活与我们毫无关系。给群体留下深刻印象的人都是传说中的英雄，而非现实生活中的英雄。

不幸的是，传说本身就完全不可靠。随着时间，尤其是种族的变化，群体通过想象不停地改变着传说。《圣经》中嗜血的耶和华和圣德肋撒②心中充满爱的上帝之间，相去甚远。中国和印度崇拜的释迦牟尼也颇为不同。

关于英雄的传说被群体的想象所改变，并不需要几个世纪。有时候，这种改变只需要几年。在我们这个时代，我们就目睹了在不到50年的时间里，历史上最伟大的英雄之一的传奇故事就改变了许多次。在波旁王朝统治时期，拿破仑是

---

① 赫拉克勒斯（Héraclès），古希腊神话中最伟大的英雄，宙斯与阿尔克墨涅之子。他神勇无比，力大无穷，后来他完成了12项被誉为“不可能完成”的任务，除此之外，他还解救了被缚的普罗米修斯，隐藏身份参加了伊阿宋的英雄冒险队并协助他取得金羊毛。——译者注

② 即里修的德兰（Teresia Lexoviensis，1873—1897），本名玛利-弗朗索瓦丝·德肋撒·马汀（Marie-Françoise Thérèse Martin），是一名法国赤足加尔默罗会修女，也是天主教会所宣列的圣人及教会圣师。——译者注

一个抒情式的人物，博爱、自由，是下层人之友。按照诗人的说法，这些地位卑微的人会在他们的茅草屋里长久地铭记这位英雄。30年后，这位宽厚的英雄却成了暴君，争权夺利，剥夺自由，牺牲300万人的生命，只是为了满足自己的野心。而现在，传说仍在变化。1000年以后，未来的学者在看到这些自相矛盾的叙述时，也许会怀疑这位英雄是不是真的存在过。他们会认为这只是一些太阳神的神话，或者是赫拉克勒斯传说的新变种。他们也许会满足于这种不确定性，因为他们将远比我们今天更了解群体心理学。他们知道，历史中永恒不变的，只有神话。

3. 群体的情绪易夸张和简单化

群体表现出来的情绪，无论好坏，都具有简单、夸张的双重特征。在这一点上，群体中的个体和在许多其他问题上一样，都很接近原始人，他们体会不到细微的差别，只能看到大块的事物，也不知道过渡为何物。在群体中，对情绪的夸大会得到强化，因为情绪通过暗示和传染传播得很快，情绪的力量也在对它的接受中得到增强。

群体情绪简单而夸张，这让群体无法产生怀疑，感到不确定。群体就像女人，很快就会走向极端，一个怀疑马上就能变成不可辩驳的证据。孤立个体的反感或者反对，不会有什么强化，但在群体中的个体那里，就会马上成为极度的恨意。

群体情绪的暴力会因为无须担责而更加夸大，尤其是在异质性群体中。群体确信不会受到惩罚，再加上法不责众、人多势众，这些都让集体具有孤立个体不可能具有的情绪和行为。在群体中，愚蠢、无知和善妒之人从自己无价值、无能力的感觉中解脱出来，反而拥有了一种粗暴野蛮、转瞬即逝，但却十分强大的力量。

不幸的是，群体夸张的情绪往往是那些坏情绪。这些是原始人遗留下来的本能，而负责任的孤立个体会因为害怕受罚而不得不收敛。这就解释了为什么群体会很容易做出最坏的出格的事情。

群体在受到巧妙的暗示后，能够具有英雄主义和献身精神，甚至比单独的个体更甚。我们会在研究群体的道德时回到这一点上。

群体只能受过激情绪的影响，因此，想要吸引群体的演说家就必须大量使用激烈、确定的语言。夸大、肯定、重复、绝不诉诸理性去证明，这些都是民众云集时的演说家常用的辩论手法。

群众还要求他们的英雄也拥有同样夸张的情绪。英雄表面的优点和品质，必须被夸大。在剧院里，群体要求戏里的主角拥有生活中绝无可能存在的美德、勇气和道德。

人们理性地探讨过戏剧的独特视角。这种视角也许存在，但其规则往往无关常识和逻辑。当众演讲属于更低级的活动，但需要特殊的能力。有时候只阅读戏剧剧本很难解释为什么这些剧会那么成功。一般说来，剧院经理收到剧本时也无法确定这些剧能否成功，因为判断一部剧的好坏，就必须把自己变成群体。①我们进一步就可以很容易地证明，种族在其中起到了主导作用。深受一国群众欢迎的剧到了另一个国家，有时候却完全失败，或者只是出于尊重和礼节，受到象征性

---

① 这就解释了为什么一些剧在被所有剧院经理拒绝之后，在偶然的情况下被搬上舞台，却获得了巨大的成功。我们都知道科佩先生（指弗朗索瓦·科佩，法国诗人、剧作家、小说家——译者注）的《王冠之争》（*Pour la couronne*）很成功，但这部作品虽然作者很有名，却被各一流剧院的经理拒绝了十年之久。《夏莱的教母》（*La marraine de Charley*）由一位货币兑换商自己出资排练，也不断遭受拒绝，最后却在法国演了200场，在英国演了上千场。如果没有上面的解释，不知道剧院经理无法将自己想象成群体，那我们就完全理解不了为什么这些能力足够且利益相关的人，在明知自己不能犯这种低级错误的情况下，却会做出如此荒唐的判断。

的欢迎，因为这部剧没有将新观众挑动起来。

我们也不需要再补充说明，群体夸大的只有情绪，绝无智商。我已经证明，只要个体处于群体之中，他的智商就会大幅下降。塔尔德先生在研究群体犯罪时也注意到了这一点。因此，只有在情绪层面，群体可以爬得很高，或者摔得很惨。

4. 群体偏执、专横且保守

群体只知道简单而极端的情绪，别人提出的意见、想法和信仰，要么被他们视作绝对真理而全盘接受，要么被他们认为是绝对谬误而全盘否定。信仰一直如此，因为信仰通过暗示确立，而非经过推理产生。每个人都知道，宗教信仰是多么不宽容，多么专制地统治着人心。

群体对于自认为的真理或谬误没有任何怀疑，同时又知道自己力量之强大，所以群体既专横又偏执。个体可以接受反对意见并加以讨论，而群体却完全接受不了。在公共集会中，一位演讲者哪怕做出轻微的反驳，都会立刻招致怒吼和叫骂，而且只要他还坚持，就会遭到攻击并被赶下台。如果没有当权者加以约束，反驳者甚至可能会被群殴致死。

专横和偏执是所有群体的共性，但强度存在差异，这里再次出现种族这一基本概念。种族决定着人的情绪和思维。拉丁民族的专横和偏执常常比较严重，这种专横和偏执甚至强大到足以摧毁盎格鲁-撒克逊民族中强烈的个人独立性。拉丁民族只知道保持自己小团体的独立性，而这种独立性的特点就是要立刻激进地让异见者接受他们的信念。在拉丁民族中，所有时代的雅各宾派[①]从宗教裁判所[②]时期开始，对自由的概念就从没有上升到另一种高度。

专横和偏执对于群体来说非常清晰，很容易被接受、践行。群体听命于强权，对善良难以动容——因为善良常被看作是懦弱的一种形式。他们对于善良的主人毫无好感，但却对统治严酷的暴君言听计从，总是为暴君竖起最高大的雕像。如果他们把推翻的暴君踩在脚下，那是因为暴君失去了

---

① 雅各宾派是法国大革命时期参加雅各宾俱乐部的激进派政治团体。主要领导人有罗伯斯庇尔、丹东、马拉、圣茹斯特等。1793年6月2日，雅各宾派推翻吉伦特派统治，通过救国委员会实行专政，实行恐怖统治，上万人被处决。雅各宾派也因此成为专横、恐怖统治的代名词。——译者注

② 宗教裁判所（Inquisition），或称异端裁判所、异端审判所，是教宗额我略九世于1231年决意、由多明我会设立的宗教法庭。宗教裁判所是负责侦查、审判和裁决天主教会认为是异端的法庭。宗教裁判所存在的几个世纪中，以宗教为名进行了许多不当的审判。宗教裁判所限制了中世纪西欧思想文化的发展，却巩固了教会的权威，成为天主教迫害理性、禁锢思想的代名词。——译者注

强权，被归入弱者的行列，遭人蔑视，无人再害怕他。群体珍视的英雄总有恺撒的影子，他的外表将他们引诱，他的威严逼他们屈服，他的大刀让他们胆怯。

面对软弱的当权者，群体随时准备反抗；而面对强权，群体却卑躬屈膝。群体总是受自己极端的情绪左右，如果权力时断时续，那么群体就会时而从混乱不堪变成奴颜婢膝，时而从奴颜婢膝转向混乱不堪。

此外，认为群体的革命本能占主导就是不了解群体心理学。群体身上的暴力才让我们对这一点产生幻觉，他们爆发出来的反抗和破坏总是转瞬即逝。群体由无意识支配，因此受到长期遗传的影响，所以群体是极其保守的。群体一旦放任自流，很快就会厌倦自身的混乱不堪，而本能地变成奴才。在拿破仑压制一切自由，让人体会到他的铁腕时，原本最傲慢、最桀骜不驯的雅各宾党人却热情地为他鼓掌。

如果我们不知道群体发自本能的保守特点，那么我们就基本上不可能理解民众革命的历史。群体希望改朝换代，有时甚至会发动暴力革命来达到这样的改变，但这些制度的背后隐藏的是种族遗传下来的需求，所以他们最终还是会回到这些制度上来。群体仅仅是在一些肤浅的东西上显得变化无常。实际上，群体无法克服自己的保守本能，就像原始人一样对传统有着病态的崇敬，对能够改变他们生存方式的新生事物抱有无意识的恐惧。如果在发明蒸汽机和铁路这些机械设备的时代有今天这样的民主体制，那这些东西就永远不可能发明出来，或者至少要通过不断的革命才能完成。在科学和工业的伟大发现已经完成之后才有群体的主导地位，这对于文明的进步是一件幸事。

5. 群体的道德

如果我们把道德这个词定义为持久地尊重一定的社会习俗，同时不断压制自私的冲动，那么冲动易变的群体显然不具备任何道德。但是，如果我们把道德定义为暂时表现出来的品质，比如克己、忠诚、无私、自我牺牲、追求平等，那么我们可以说，恰恰相反，群体有时可以表现出非常高的道德境界。

研究群体道德的心理学家极少，即使有，也是从群体的犯罪行为的角度出发。看到群体犯罪行为频发，他们认为，群体的道德水准低下。

也许群体的确经常表现出低下的道德水准，但原因是什么？简单来说，因为从原始社会遗留下来的残暴的破坏本能仍沉睡在我们每个人内心深处。满足这些本能对于单独的个体来说是危险的，但一旦他被纳入一个不负责任的群体中，并因此确定不会受到惩罚，他就会按照这些本能行事。平时我们不能把这些破坏性的本能施加于自己的同类身上，我们就发泄到动物身上。打猎的激情和群体的残忍有同样的源头。群体慢慢杀死一个没有自卫能力的受害者，表现出一种十分懦弱的残忍，但是对一位哲学家来说，这与十几个猎人聚在一起，以看他们的猎犬撕咬一只不幸的鹿为乐，是类似的。

群体杀人放火无恶不作，但同样也能做出牺牲和无私的举动，而这些举动往往是单独的个体做不到的。崇高、荣誉、宗教、爱国这些情感，往往针对的是群体中的个体。历史上充斥着类似十字军东征或者1793年的志愿者①这样的例子。只有集体才能表现出伟大的献身精神和大公无私。有多少群体为他们几乎不懂的信仰和思想而慷慨赴死！罢工的人之所

---

① 法国大革命爆发后，欧洲君主国很快形成反法同盟，1791年8月，奥地利大公利奥波德二世联合普鲁士国王弗里德里希－威廉二世发布了宣言，支持已经被关押的路易十六，并准备共同出兵入侵法国。1792年战争爆发，最初装备很差的法国人被击溃，但无数志愿者在爱国主义的浪潮中参军入伍。——译者注

以罢工，更多的是因为服从命令，而不是为了提高工资。个人利益很少能成为群体的强大动力，却几乎是单独个体行动的唯一原因。驱动群体卷入这么多战争的必然不是个人利益，大部分情况下，他们的智力无法理解这些战争的原因，他们就像被猎人的镜子催眠的云雀，在战争中轻松赴死。

最卑鄙的无赖因为身处群体之中，有时候也能表现出非常严格的道德准则。丹纳[①]留意到，九月屠杀[②]中的刽子手自发地把受害者的钱包和首饰放到委员会的桌子上，这些东西要偷走很容易。那些在1848年革命中大声呼喊、到处乱窜、生活悲惨的人占领了杜伊勒里宫，但没有拿走一件让他们眼花缭乱的宝贝。只需一件珍宝，就能换来好几天的面包。

---

① 依波利特·阿道尔夫·丹纳（Hippolyte Adolphe Taine，1828—1893），法国评论家与史学家，实证史学的代表。——译者注

② 九月屠杀是法国大革命期间发生在1792年9月2日至7日，巴黎及全国其他各处城市的杀戮风潮。人们担心，外国反法盟军和保皇党军队会袭击巴黎，然后这个城市监狱的囚犯将被释放，并加入他们的行列。激进分子呼吁采取先发制人的行动，特别是新闻记者让-保尔·马拉，他号召应征入伍者出发保卫国家前要把囚犯先杀掉，他们才能无牵挂。由国民自卫军和一些国民警卫联盟的暴徒实施该行动；市政府，巴黎公社，纵容并呼吁其他城市效仿跟进。——译者注

个体因群体而道德提升的情况当然并非不变的规律。但这一现象经常出现，甚至在远没有我在上文中援引的例子那么严重的情况下也是如此。在剧院里，群体要求戏里的主角展现出夸大的品质，看戏的观众即便品质低劣，通常也会变得一本正经。浪荡子、皮条客、满口脏话的流氓，看到有伤风化的场景，听到轻佻的言语，也会嘟囔几声，而这些在他们平时的交谈中简直微不足道。

因此，经常沉湎于低级本能的群体，也会不时成为高尚行为的典范。如果不计名利、绝对服从、勇于献身真实或虚假的理想可以算作道德品质，那么可以说，群体所具有的美德，有时甚至连最睿智的哲学家也不具有。也许他们只是下意识地做到这些，但这并不重要。假如群体时常理性地思考，并听从他们切身利益的指引，那么在这个星球上，可能到现在也还没有任何文明发展起来，人类也许还没有历史。

第三章

群体的观念、推理能力和想象力

1. 群体的观念

我在上一部书[①]中研究了观念对各民族的演变所起到的作用。我在书中证明了每个文明都发轫于一小部分根本理念，这些理念鲜有更新。我阐述了这些理念是如何在群体的心里扎根、深入人心有多么困难，以及一旦进入人的内心，其力量有多么强大。我还阐明了历史上的重大动荡，常常就是由于根本理念的变化引起的。

① 即《民族演变的心理法则》（*Les lois psychologiques de l'évolution des peuples*），出版于1894年。——译者注

这一主题我已经阐述得很充分，因此我不再赘述。我只想谈谈群体可以接受的新理念，以及群体以何种形式接受它们。

我们可以将其分为两类。在特定情形下偶然出现、转瞬即逝的观念可以归入第一类，如对个人或教条的迷恋。第二类则是根本理念，环境、遗传、舆论都使其保持稳定，如曾经的宗教理念和现在的民主社会理念。

根本理念就像缓缓流动的河水，而临时观念则像小小的浪花，时刻都在变化，搅动着河面。并且，虽然这些小浪花没有什么实质意义，但却比河水本身的流动更显眼。

今天，我们父辈所了解的根本理念看起来愈加摇摇欲坠，因此，建立在这些理念之上的制度也严重动摇起来。如今形成了许多过渡性的小观念，但在这些观念中间，似乎很少有能够获得决定性影响力的。

无论群体受到暗示的是何种观念，这些观念要具有控制力，就必须以十分简单的形式在群体的脑海里形成意象。观念与意象之间没有任何符合逻辑的类比关系或继承关系，但可以相互替代，就像魔灯的玻璃片，操作者从叠放的盒子里将其一一取出。因此，我们可以在群体中看到相互矛盾的观念相继出现。群体会根据偶然出现的情况，在固有观念的影响下，做出完全不同的行为。正因为缺乏批判性思维，群体无法感知其行为的矛盾性。

然而这并非群体独有的现象。许多单独的个体也有这种情况，不仅是原始人，还有某一方面的精神表现与原始人类似的人——比如拥有强烈宗教信仰的人。例如，我在受过教育的印度教教徒身上就观察到这种现象，这些人在欧洲大学接受的教育，还拿到了各种学位。在他们遗传不变的宗教和社会理念的背景上，铺了一层与其毫不相关的西方理念，但这并没有改变他们的宗教和社会理念。不同的层面会根据不同的情况，带着相应的话语出现，于是同一个人就表现出十分明显的矛盾性。这些矛盾仅停留在表面，而非真实存在，因为在单独的个体身上，只有遗传的理念才足够强大，能够成为个体行动的真正动机。一个人只有因为跨族婚姻而产生不同的遗传冲动时，其行为才会时不时地表现出矛盾。虽然这些现象在心理学上意义重大，但在这里无须过分强调。我认为至少需要十年的时间，在旅行和观察中理解它们。

观念只有在披上简单的形式后，群体才能理解。因此，观念要普及，就必须彻底改造。如果涉及的是比较高深的哲学或科学观念，我们就能看到这些观念需要多大的改变，才能一层一层往下，最终让群体接受。所需的改变取决于群体所属的种族，但一定是低俗化和简单化的。实际上，从社会的角度来看，观念并没有上下级之分，也就是说，没有哪些观念更高明，哪些更低级。只要一个观念能触及群体，让他们产生触动，那这个观念高深和伟大的部分，都已被尽数剥去。

观念的高低贵贱并不重要，我们只需要考虑观念带来的效果。中世纪的基督教思想、上世纪的民主理念，以及当今的社会思潮，显然都不是什么高深的观念。从哲学上看，这些都可以看作可怜的谬误。但是，这些观念曾发挥了巨大的作用，并还将继续下去，同时长期成为国家行动的基本因素。

即使观念经过变化为群体所理解，但也只有渗透进群体的无意识、成为一种情绪之后，才能发挥作用。观念渗透的方式多种多样，我们将在别处对其进行研究。这种变化总体来说十分漫长。

此外，不要以为一个观念被证明是正确的就能产生效果，即使对有学问的人也一样。当我们看到清晰明确的论证却在大多数人身上没什么效果时，我们就能明白这一点。受过教育的听众能够承认被明确论证过的事，但他很快就会被自己的无意识带回他最初的想法中去。你过几天再来看他，他又会一字不落地把之前的论据搬出来。实际上，他受到的影响来自之前的观念，这些观念已经变成情绪，作用于我们行为和说话的深层次动机。

当一个观念通过各种方式进入群体成员的心里之后，这个观念就具备了不可抵挡的力量，从而带来一系列的后果。引发法国大革命的哲学观念花了很长时间才进入人民的内心。这些观念扎根之后，我们就知道它们拥有不可抗拒的力量。整个民族为争取社会平等，获得抽象的权利和理想的自由，不仅让所有王室摇摇欲坠，还将深深震撼整个西方世界。20年间，一个接一个的民族相互杀伐，欧洲经历的屠杀与成吉思汗和帖木儿比起来也毫不逊色。一旦能改变情绪方向的观念挣脱了束缚会带来什么样的后果，没有比这更清楚的了。

如果说观念需要花很长时间才能扎根进群体的内心，那么从群体内心中再出来，同样需要花很长时间。因此，在观念上，群体总是落后学者和哲学家好几代人。今天所有的政治家都知道前文引述的观念里有多少错误，但这些观念的影响力依然巨大，所以尽管政治家并不认为这些原则是对的，但他们不得不按照这些原则来治理。

2. 群体的推理能力

我们并不能断言，推理无法影响群体。但从逻辑的角度来说，群体所使用的论证以及对群体能产生作用的论据，其层次显得十分低下，甚至只能说这些只是看起来像推理而已。

群体低下的推理与高级的推理一样，都是以联想为基础，但让群体建立联想的观念之间，只有浅显的相似或相继的关系。群体联想的方式就像爱斯基摩人：他们通过经验知道冰这种透明的东西，含在嘴里会化，于是得出结论，玻璃也是透明的东西，含在嘴里也会化；或者像野人，认为吃掉勇敢的敌人的心，他就能得到勇气；或者像工人，因为受到雇主的剥削，就得出结论，所有的老板都是剥削者。

将并不相似且只有表面关系的东西联系起来，立刻把个例普遍化，这就是集体逻辑的特点。知道如何驾驭群体的演讲者讲给群体听的都是这类联系，只有这种联系才能对群体产生影响。群体绝对无法理解严格的推理过程，因此我们可以说，群体从不进行推理，或者推理都是错的，推理也无法对其产生影响。我们在阅读一些演讲稿时，不时会惊讶于其中漏洞百出，却仍能对听众产生重大的影响。但我们忘记了，这些演讲稿是用来说服群体的，而不是给哲学家阅读的。演讲者在与群体密切交流时，知道要挑起吸引群体的意象。如果他成功了，那他的目的就达到了。一部鸿篇巨制也不如能够吸引需要说服的人的几句话。

群体无法公正地推理，因此不具有任何批判精神，即区分真理与谬误、明白无误地表达判断的能力，这一点我们无须赘言。他们所接受的判断都是强加给他们的，而绝非通过讨论得来的。在这一点上，很多人无法做到高于群体。大部分人不具备通过自己推理而形成独特看法的能力，正因为如此，一些观点就轻松地被普遍接受了。

3. 群体的想象力

群体的形象化想象力和所有不具备推理能力的人一样，很容易就能被留下强烈的印象。一位人物、一个事件、一出意外在群体成员心里唤起的形象几乎与真实的人和事同样鲜活。群体有点像睡着了的人，理性被暂时搁置起来，强烈的意象在心中出现，但只要一经思考，这些意象很快就会消散。群体既不会反思也不会推理，因此也不知道何为不真实，但最不真实的事情却往往是最令人震撼的。

因此，各种事件中最令人不可思议、最具传奇色彩的部分才最能打动群体。实际上，真正支撑起一个文明的正是不可思议和传奇色彩。历史上，表面功夫起到的作用永远比实实在在重要得多。在这里，不现实战胜了现实。

既然群体只能通过意象来思考，那么也只有意象才能给他们留下印象，只有意象，要么让他们恐惧，要么吸引他们，从而成为他们行为的动机。

正因如此，戏剧表演这种采用纯粹意象的表演形式，才能对群体产生巨大的影响力。古罗马平民的幸福就是面包和娱乐，这一理想在历史的长河中并没有什么变化。没有什么比一出戏更能撼动群体的想象，整个场子都在同一时间感受同一种情绪，而这些情绪之所以没有立刻转化为行动，是因为即使是最没有意识的观众也知道自己看到的其实是幻觉，让他笑、让他哭的都是假象。但意象暗示的情绪有时会足够强烈，就像平常的暗示一样，可能转变为行动。人们常常聊到这家大众剧院发生的事情：饰演叛徒的演员出来时必须有人保护，以免因为他在义愤填膺时观众想象他所犯的罪行，而被暴力攻击。我认为，这就是群体精神状态最明确的一个标志，尤其能说明群体是多么容易受到暗示。在群体眼中，不真实几乎与真实同等重要，群体有很明显的倾向，无法将二者区分开来。

征服者的权力和国家的力量都是建立在民众的想象之上的。牵动群体的想象，就能带动群体。佛教、基督教和伊斯兰教的创立，宗教改革，以及法国大革命，这些历史上发生的大事都是对群体想象力的强烈影响，而产生的直接或间接的后果。

因此，各个时代、各个国家的伟大政治家，包括最专制的独裁者，都将民众的想象力视作自身权力的基石，他们绝不会逆民众的想象来统治。拿破仑曾对法国最高行政法院说道：“我把自己变成天主教徒，结束了旺代的战争；变成穆斯林，我在埃及站稳了脚跟；信奉教皇绝对主义，我赢得了意大利教士的拥护。如果我要统治犹太人，那我就会重建所罗门神庙。”大概在亚历山大大帝和恺撒之后，还没有哪个伟人更明白应该如何去影响群体的想象力。拿破仑一直关心的事情就是刺激群体的想象力。他在胜利的时候，在演讲的时候，在训话的时候，在他所有的行动中，他都想着这一点，甚至在他临死前躺在床上时，他还在想。

如何影响群体的想象力？我们马上就能看到。我们现在就可以说，影响智力和理性的论证无法实现这个目的。安东尼并不需要多么文采飞扬的演说来煽动群众反对谋杀恺撒的凶手，他只是给民众念了恺撒的遗嘱[①]，向他们展示了恺撒的尸体。

所有能撼动群体想象力的东西，都会表现为一个引人注目的清晰的意象，无须多余的解释，或者只需几个不同寻常的事实相伴，比如伟大的胜利、惊人的奇迹、严重的罪行、崇高的希望。重要的是要把事情作为整体呈现出来，而绝不说明其来源。100个小罪行或者100桩小事故绝不会对群体的想象力产生作用，但一次大罪行、一场大灾难，即使其造成的结果远不如100桩小事故加起来致命，也足以深深地震动群体的想象力。巴黎流感大流行，在几周之内让5000人丧命，而这并没有对民众的想象力产生什么影响。实际上，这场真正的大灾难就只是每周公布的几个统计数据而已，没有转变成显而易见的意象。假如有一起事故，其中并没有5000人死掉，死的只有500人，但在同一天，在一个公共广场上，同时又是

① 恺撒遇刺发生在公元前44年，他在前一年的9月13日就立下了遗嘱，并将遗嘱保存在维斯塔贞女祭司长手上。在恺撒岳父的要求下，安东尼在家中宣读了恺撒的遗嘱。——译者注

一件令人瞩目的事件——比如埃菲尔铁塔倒了——就会对群体的想象力产生重大影响。一艘横渡大西洋的邮轮，因失去联系而被认为在海里沉没。这件事对群体想象力的深刻震动持续了一周。然而，官方的统计数据表明，当年有一千艘大船失事。这些相继发生的事故，带来的人员伤亡和货物损失远比这一艘邮轮大，但群体却没有一丝关注。

所以，震动民众想象力的并非事件本身，而是事件所呈现的方式。这些事实必须通过浓缩——我姑且采用这种说法——制造出一个引人注目的意象来充斥人的头脑。了解了影响群体想象力的艺术，便是掌握了统治群体的艺术。

第四章

群体信念的宗教外衣

我们已经看到，群体没有推理能力，对于观念只能全盘接受或者否定，无法接受讨论或者反对，他们受到的暗示能够浸染他们的全部知性，并会立刻转变为行动。我们指出，受到适当暗示的群体时刻准备着为暗示给他们的理想牺牲。最后我们看到，群体只有暴力而极端的情绪。群体的同情很快就变成崇拜，反感立刻会变成仇恨。这些普遍的迹象就已经让我们对群体的信仰有所预知。

仔细考察群体的信念，我们会发现，无论是在宗教狂热的时代，还是像上世纪那样政治动荡的时代，他们的信仰都呈现出一种特别的形式，对此我找不到更好的词，只能定义为宗教情绪。

这种情绪的特点很简单：崇拜一个人被认为是更高级的存在，害怕加诸其身上的力量，盲目遵从他的命令，绝不探讨他的学说，渴望传播他的教条，将所有不接受这些教条的人视作敌人。无论这种情绪的对象是一个看不见的神、一尊石像、一位英雄还是一种政治理念，其核心都是宗教性。其中同样包含超自然和奇迹的成分。对于一时间让群体狂热起来的政治口号或者胜利领袖，群体给它们赋予了相同的神秘能力。

只崇拜神灵，并不算具有宗教信仰，只有当一个人把自己所有的精神资源、完全发自内心的服从、一切幻想的热情，全部奉献给一项事业或一个人，将其作为情感和行动的目标和指南时，他才真正具有宗教信仰。

与日常宗教情感相伴的是偏执与狂热，这在自认为掌握当下或永恒幸福秘密的人身上在所难免。一群人受到某种信仰煽动时，就会呈现这两个特征。恐怖时期雅各宾派的虔诚同宗教裁判所时期的天主教徒一样深厚，他们对残忍的狂热都出自相同的地方。

群体的信仰带有盲目的顺从、粗暴的狭隘和渴望狂热的宣传等特点，这些都是宗教情感的内在特征。我们因此可以说，群体的一切信仰都具有宗教形式，群体所称赞的英雄就是他们真正的神灵。拿破仑封神15年，没有哪个神灵像他这样拥有如此完美的崇拜者，也没有哪个神灵像他这样轻易就能让人赴死。多神论的神明也好，基督教的神灵也罢，都不曾像他这样绝对地统治着人的心灵。

宗教或者政治信仰的奠基者创造出这些信仰，因为他们知道让群体接受激进的宗教情绪，通过这种情绪让人在崇拜中找到幸福，从而驱使其为自己的偶像从容赴死。所有时代都是如此。甫斯特尔·德·库朗日[①]写了一本关于罗马时期高卢的著作，他在书中指出，维系罗马帝国统治的并非武力，而是帝国的宗教崇拜。他据理陈述道："一个所有人都厌恶的政权却撑了五个世纪，这在世界史上是绝无仅有的……帝国三十个军团就能让上亿人服从，这一点我们无从解释。"民众之所以服从，是因为罗马皇帝是罗马荣光的人格化象征，作为神祇受到所有人的崇拜。帝国最偏远的乡村也有皇

① 努马·德尼·甫斯特尔·德·库朗日（Numa Denis Fustel de Coulanges，1830—1889），19世纪法国的历史学家，实证史学的代表，代表作为《古代城邦》（*La Cité antique*）。——译者注

帝的祭坛。“在那个时代，整个帝国的民众心里都出现了一种新的宗教，将皇帝自己作为神明崇拜。公元前几年，整个高卢的六十座城邦共同在里昂附近修建了一座祭奠奥古斯都的神庙……其中的祭司在高卢城邦大会上选出，都是他们最重要的人物……这一切无法只用恐惧或奴性来解释。这些并非卑躬屈膝的民族，在整整三个世纪中，他们都不是。崇拜第一公民[①]的并非他的谄媚之人，而是整个罗马。不仅只是罗马，还有高卢、西班牙、希腊和亚洲。”

今天，大部分征服人心的人都不再拥有祭坛，但他们有雕塑和肖像，人们对他们的崇拜也和从前没什么区别。我们只有完全领会群体心理的这一基本点之后，才能理解历史的哲学，即要么做群体的神，要么什么也别做。

这些并不是另一个时代的迷信，已经被理性永远驱逐。在与理性永恒的斗争中，情绪从未被战胜过。群体不想再听到神灵和宗教，这些词语曾经长期统治着他们，但没有哪个时代与近100年一样，竖起过这么多的雕像，建起过这么多

---

① 原文为“prince”，来自拉丁语“Princeps”，本义为第一，原本是古罗马共和时期元老院的荣誉职衔，后被奥古斯都用于指称罗马皇帝。——译者注

的祭坛。被称作布朗热主义的群众运动就证明了群体是多么容易重新燃起宗教本能，没有哪个村里的小酒馆不挂一幅英雄的肖像。人们赋予其修正所有不公，铲除所有罪恶的力量，成千上万人为他付出了生命。如果他的性格能够撑得住他的传说，他在历史上的地位该多么重要！

因此，一直说群体需要一种宗教，是毫无用处的废话。政治、神灵和社会信仰都必须以宗教的形式才能在群体中扎根，才不用经过讨论。如果群体能接受无神论的话，那么无神论也与宗教情感有着相同的偏执狂热，其外在形式也会迅速成为一种崇拜。实证主义这个小圈子的发展历程就为我们提供了一个有趣的例证。实证主义者和虚无主义者很像，陀思妥耶夫斯基的生平为我们深刻地揭示了这一点。有一天，在理性光辉的照耀下，他撕碎了小教堂祭坛上神灵和圣人的画像，吹灭了蜡烛，一刻也不浪费，立即用无神论哲学家的著作取代被毁坏的画像，然后又重新点亮了蜡烛。他宗教信仰的对象发生了变化，但我们能说他的信仰真的改变了吗？

只有了解了群体的信念最终都要披上宗教的形式，我们才能理解某些历史事件，尤其是最重要的那些事件。许多社会现象是心理学家的研究结果，而非博物学家的。我们伟大的历史学家丹纳就只作为博物学家来研究法国大革命，因此他并没有掌握各种事件的真正起因。他完美观察到了事实，却没有深入群体的心理，所以一直没有找到原因。史实血腥、混乱和凶残的一面把他吓到了，他把这伟大史诗中的英雄只当作一群胡乱癫狂、只会随性而为的野蛮人。我们要把大革命看成是一种新的宗教扎根在群体心灵中，只有这样才能解释革命的暴力、杀戮、政治宣传，并向所有国王宣战。宗教改革、圣巴托洛缪大屠杀①、宗教战争、宗教裁判所，以及大革命期间的恐怖统治，都属于一种现象，都是在宗教情绪的暗示下完成的。宗教情绪让人拿起武器，扫清一切反对新的信仰竖立起来的东西。人们对宗教裁判所和恐怖时期做法的正确性都深信不疑，他们如果采取了其他做法，就不是自认为正确的人了。

---

① 圣巴托洛缪大屠杀（Massacre de la Saint–Barthélemy），是法国天主教暴徒对国内新教徒胡格诺派的恐怖暴行。屠杀开始于1572年8月23日晚间（圣巴托洛缪纪念日8月24日前夜），刺杀结盟宗军事和政治领袖加斯帕尔·德科利尼未遂后的第二天。国王下达了杀害多数结盟宗信徒领导人的命令，随后，对于结盟宗信徒的屠杀蔓延开来。屠杀持续了数周，扩散至乡间和其他城镇。现在估计死亡人数从一万人至七万人不等。这场大屠杀也标志着法国宗教战争的转折点。——译者注

与以上列举的动荡类似的事件，如果不是群体心理让其出现，是不可能发生的，即使是最专制的独裁者也无法推动这些事件。历史学家把圣巴托洛缪大屠杀描述成是国王所为，他们对群体和国王的心理都一无所知。类似的表现只可能出自民众的内心。最专制的君主拥有绝对权力，也只能加速或者推迟这一刻的到来。并不是国王引发了圣巴托洛缪大屠杀，或者挑起了宗教战争，正如恐怖时期并非罗伯斯庇尔、丹东或者圣茹斯特带来的。在这类事件的背后总有群体的精神。

第二卷

群体的意见和信仰

第一章

群体信仰和意见的间接因素

我们刚研究过群体的心理构成。我们了解了群体感知、思考和推理的方式。现在我们来考察他们的看法和信仰是如何产生并确定下来的。

决定看法和信仰的因素分为两类：间接因素和直接因素。

间接因素让群体坚信某些观点的同时拒绝其他意见。它们会为新思想的突然萌芽提供温床，其力量和后果是惊人的，但是表面上看起来，仿佛只是自发而成。群体思想的爆发和实践有时是突如其来的，但这只是一种表象，而表象之下所掩盖的往往是长期以来的暗流涌动。

直接因素则是在这长期的过程中逐渐积累起来的，如果没有长期的酝酿，直接因素是无法起作用的，它们不可能在群体中产生强烈的说服力，也就是说，它无法促成群体思想的形成和失控。在直接因素的推动下，一些群体会突然决定采取某些决议，比如发起暴乱或罢工，推一位人物上位或让一个政府倒台。

在所有的重大历史事件中，我们都会看到这两类因素在一一发挥作用。举个最发人深省的例子，法国大革命，其发生的间接因素就包含文人们的批评和旧制度的滥权。在间接因素的如此铺垫下，群体的思想轻而易举地被直接因素发动起来，比如，演说家的演讲，以及王室对哪怕一丁点改革的抗拒。

在一切间接因素中，我们会发现群体信仰和看法里所存在的普遍性因素，即种族、传统、时间、教化和教育。接下来，我们会研究它们各自发挥的作用。

1. 种族

种族因素必须放在第一位，因为它比其他因素更为重要。我们在上一卷中已经充分研究过该因素，可以返回细看。我们展示过历史性种族是什么，以及自从种族特性形成后，他们的信仰、制度、艺术，简而言之，他们文明的一切要素是如何演变成为其思想外延的。种族的力量是如此强大，如果不经历彻彻底底的改变，一个民族的文明要素是无法传递给另一个民族的。[①]

环境、时势、事件都是当时的社会暗示。它们可能会产生重要的影响，但如果与其种族暗示相悖，即悖逆先祖，这种影响则会转瞬即逝。

我们依然可以在本书的几个章节里回顾种族的影响，这种影响如此之大，以至于在群体的思想中占据着特殊的位置。这就是为什么我们说，不同国家的多元性体现在其信仰和行为中，它们不会被以同样的方式影响。

2. 传统

传统代表着过去的思维、需求及情感。传统是种族的概括，也深深地影响着我们。

自从胚胎学证明人的过去会对人类的进化产生巨大的影响以来，生物科学已经被彻底改变了。当这一概念被更广泛地接受以后，历史科学也将如此。但是，这还远远不够，很

① 这个说法还比较新颖，如果没有它，历史则是愚蠢的，在《民族演变的心理法则》一书中好几个章节，我都阐述过这个问题。读者可以体会到，尽管具有外在的欺骗性，但是，语言、宗教、艺术，即文明的任何因素都不可能不动声色地从一个民族传递到另一个民族。

多政治家仍然坚持上世纪理论家的观点，他们认为一个社会可以脱离过去，以理性之光为指导，从头开始重建。

民族是过去创造的有机体。和任何生物体一样，它只能通过缓慢的遗传积累来实现自我改变。

民族真正的掌舵人正是其传统，并且，正如我多次说过的，表象的改变固然容易。但是，如果没有传统，即没有民族精神，就不可能产生任何文明。

因此，自从人类出现以来，其最重要的两大任务就是：首先，自我创造许多传统；其次，在其良性效应消失时摧毁传统。没有稳定的传统，就没有文明；没有传统的逐渐消失，就没有进步。而难点则在于，如何在稳定性和可变性之间找到正确的平衡。这是一个很大的难题。当一个民族让自己的风俗安于稳定不变、代代相传时，它就不能再发展。暴力革命会无能为力，也许它发生了，但链条上断裂的碎片又重新连接起来，在没有任何改变的情况下，旧势力又重掌帝国，或者散落的碎片导致无政府状态，很快又会堕落。

因此，一个民族的基本任务必须是保持旧制度，然后逐步将其改变。这是一项艰巨的任务。古时的罗马人，现代的英国人，几乎只有这两个民族做到了。

传统观念最根深蒂固的保守派、最顽固地反对变革的那一帮人，恰恰是群体，尤其是构成种姓的群体。我已经反复强调过这种保守的精神，并证明许多叛乱只会带来表面上的改变。在上世纪末，面对被摧毁的教堂、被驱逐或被斩首的牧师，以及天主教的普遍迫害，人们可能会认为，旧的宗教思想已经失去了全部力量。然而，几年后，在大众的要求下，被废除的宗教又恢复了。[①]

没有比这更好的例子可以用来解释传统对群体思想所施加的影响。寺庙里的神灵不是最可怕的，宫廷里的暴君也不是最暴虐的，摧毁他们轻而易举。我们灵魂深处，那些看不见的主宰才是任何努力都无法摧毁的，只能随着岁月的缓慢流逝才有可能逐渐磨灭。

---

① 丹纳曾引用国民公会曾经的议员福尔克鲁瓦的报告，对此福尔克鲁瓦有非常明确的看法：

"周日的庆典、教堂的集会随处可见，这证明法国民众希望回到以前的做法，这种国民趋势不可阻挡……

"大众需要宗教，需要崇拜和牧师。**这是一些现代哲学家犯的错，在这一点上我也被他们欺骗了**，才会相信通过普及教育就可以摧毁宗教的偏见。宗教对于大部分不幸的人来说，是一种慰藉……

"因此，我们应该把牧师、祭坛和崇拜还给民众。"

3. 时间

如同生物难题一样，社会难题最重要的因素之一就是时间。时间是真正的创造者和伟大的破坏者。正是时间聚沙成塔，让地质时代的暗粒子上升为人类的尊严。光阴流转，时间足以改变任何一种现象。有人说得很对，如果时间足够，哪怕是一只蚂蚁，都可以夷平勃朗峰。如果一个人拥有随心所欲改变时间的魔力，那他将拥有信徒赋予其神明的力量。

但是，在这里，我们只考虑时间对群体看法所施加的影响。从这个角度来看，它的作用仍然是巨大的。许多强大力量的形成都依赖于时间，比如种族，如果不依赖时间，种族则无法形成。时间使所有的信仰进化和消亡，也正是随着时间的流逝，信仰才收获了权力，也失去了权力。

时间孕育了群体的看法和信仰，为其提供了温床。因此，有些思想在某一时代是可行的，但在另一个时代就失灵了。时间累积了大量信仰和思想的残余，一个时代的思想则在此基础上产生。它们不会凭空而至，其根源可以追溯到很久以前。当思想遍地开花时，时间其实早已孕育了花苞；而思想的起源终归要追溯到过去。它们是过去的女儿，是未来的母亲，也永远是时间的奴隶。

所以，时间才是我们真正的主宰，随着时间的流逝，一切都会改变。今天，我们非常担心群体那些带有威胁性的诉求，担心其所预示的破坏和动荡。只有时间才能重建平衡。拉维斯先生[①]精确地描述道："没有一个政权是在一天之内建立起来的。政治和社会结构的形成往往需要好几个世纪；在封建主义摸索到其自身规律之前，几个世纪以来，社会一直处于混乱的状态；在找到正常的政府模式之前，绝对君主制存续了好几个世纪，并且，在等待的过程中，也曾出现过巨大的动荡。"

4. 政治和社会制度

有这样一种观点：制度可以弥补社会的不足，民族进步源自宪法和政府的完善，社会变革可以通过法令来实现。我想说，这个观点仍然非常普遍。法国大革命则以其为出发点，现今的社会理论亦以其为立足点。

即使是持续最久的经验也无法撼动这种可怕的空想。哲学

① 欧内斯特·拉维斯（Ernest Lavisse，1842—1922），法国历史学家，强调实证主义研究，曾五次获得诺贝尔文学奖提名。——译者注

家和历史学家曾试图证明其荒谬性，可是，徒劳无功。但是，他们可以毫不费力地证明，制度是思想、感情和习俗的产物；重建思想、感情和习俗是无法通过改变规则来实现的。一个民族无法随心所欲地选择制度，就像无法选择眼睛或头发的颜色一样。制度和政府是种族的产物，不是时代的创造者，反而为时代所缔造。人民不应凭一时的冲动来统治，而应按照他们的特点来统治。有时需要几个世纪才能形成一种政治制度，而改变一种政治制度也需要几个世纪。制度本身不具备内在的秉性，它们既非善亦非恶，在某一特定时期对某一民族有利，而在另一特定时期则可能令另一民族厌恶。

所以，一个民族根本不具备真正改变其制度的力量。当然，如果诉之于暴力革命，改变的也只是其称谓，而非其根本。称谓只是些空洞的标签，历史学家在考虑事物真正的价值时，往往将其抛诸脑后。例如，世界上最民主的国家是英国①，但它实行君主制，拉美的诸多共和国受共和宪法管辖，

---

① 这是人们都承认的，即使是美国最激进的共和党人。美国《论坛报》（*Forum*）就明确表达过这一看法。我根据1894年12月的《评论的评论》（*Review of Reviews*），将其摘录如下：

"我们绝不应忘记，即使是最狂热的反贵族分子，也认为英国是宇宙中最民主的国家，最尊重个人权利、个人拥有最大限度自由的国家。"

却遭受着最严重的专制。民族的命运是由人民的特点所决定的，而不是由政府所决定的。

因此，耗费时间来制定宪法的行为十分幼稚，而且无用，就像毫无意义地堆砌修辞一般。需求和时间自会让宪法诞生，如果我们放任这两个因素发挥作用的话。伟大的历史学家麦考莱[①]在一篇文章中指出，所有拉美国家的政治人物都应该牢记，盎格鲁–撒克逊人就是这样做的。从纯理性的角度出发，虽然出台的宪法被解释为良效多多，实则荒谬不已，矛盾百出。他将欧美十多个拉丁国家在动荡中死去的宪法和英国的宪法进行比较，发现后者的改变非常缓慢，往往一部分一部分地改变，并且只受现实需求而非投机思维的影响。“千万不要担心对称性，而要担心实用性；永远不要仅仅因为异常本身，就消灭异常；永远不要为了变革而变革，除非有所不适，所以，只要适当变革即可；永远不要给出超出解决切实问题范围的建议；从约翰时代到维多利亚时代，这些规则引导了我们250届议会的审议工作。”

---

① 托马斯·巴宾顿·麦考莱（Thomas Babington Macaulay，1800—1859），英国诗人、历史学家、辉格党政治家，曾担任英国军务大臣和财政部主计长。——译者注

我们必须逐个研究各民族的法律和制度，以证明它们究竟在多大程度上是种族需求的表现，也正因如此，才不会被粗暴地改变。例如，我们可以从哲学的角度来讨论集权的优缺点，但是，当我们看到一个由不同种族组成的民族，历经千年的努力才逐步实现集权，当我们见证一场旨在打破过去所有制度的伟大革命，不仅被迫遵守集权，而且还要将其夸大，我们可以得出结论，这是由现实需求所决定的，甚至是生存的必要条件。我们可以怜悯那些嘴上说着要摧毁集权的政客，他们的精神力量是如此弱小。不过，假如他们的看法占了上风，其胜利就意味着一种严重的无政府状态可能产生[①]，从而导致新的集权更甚于过去。

我们可以从上述情况得出一个结论，那就是，不应在制度中寻找能深刻影响群体思想的方式。有些国家，比如美国，

---

① 把法国分成不同地区的宗教和政治分歧首先是一个种族问题，分裂的倾向在大革命时代开始显现，在普法战争结束时又重新抬头。如果我们把这些做个对比，我们会看到在我们的土地上依然存在着不同的种族，远远没有融合。大革命开始进行强有力的中央集权，人为地设置省份，将原有的行省混合在一起，这些肯定是最有效的举措。今天这些毫无远见的人一直在讨论去中心化，如果这个措施真的实施的话，只会马上导致更加血腥的混乱。认识不到这一点就是完全把我们的历史抛诸脑后。

在民主的体制下发展繁荣，而其他国家，例如拉丁美洲的共和国，尽管有相似的体制，却在最悲惨的无政府状态中苦苦挣扎。国家的强大及衰落和这些制度无关。各民族由各自的特点所主宰，任何不基于民族特点的制度都只是一件借来的外衣，是一种暂时的伪装。当然，血腥的战争和暴力的革命已经发生，也会继续发生，它们会强行施加一些制度，并赋予这些制度一种能创造幸福的超自然力量。因此，在某种意义上，我们可以说，制度会影响群体思想，因为制度会导致相似的起义。但是，我们知道，事实上，无论是成功还是失败，制度本身不具备任何秉性。因此，当我们试图将其掌控时，往往只是在追求一种幻想。

5. 教化和教育

今天，我们这个时代最主流的思想之一即为：教育肯定会使人进步，甚至使人平等。由于不断地重复，这一思想最终成为民主最不可动摇的信条之一。现在，要动摇这一信条，和过去要动摇宗教教义一样困难。

但是，在这个问题上，就像在许多其他问题上一样，民主思想和心理学、经验学数据之间存在严重分歧。一些著名的哲学家，特别是赫伯特·斯宾塞，他不费吹灰之力就能证明，教育既不能让人更道德，也不能让人更幸福。教育无法改变人的本性和遗传情绪，并且，如果走上歧途，教育不仅无用，甚至有害。统计学家可以证实这些观点，犯罪率会随着教育的普及，或者某种教育的普及而增长；而社会的大恶之人，无政府主义者，往往是学校里的优等生。一位杰出的法官阿尔道夫·吉约注意到，现在有3000名有文化的罪犯，1000名没文化的罪犯，在50年内，犯罪率由每10万人227人上升到552人。他和他的同事们还观察到，主要是年轻人的犯罪率有所上升，因为免费的学校代替了雇主。

当然，没有人会争辩说，方向正确的教育不会产生非常有用的实际效果，即使它无法提升道德，也至少对发展专业技能有利。不幸的是，拉丁民族，特别是30多年来，将其教育制度建立在错误的基础上，尽管一些重要人物发现了这一点，但是他们仍然犯着可怕的错误。我本人已经在多部著作中说明[①]，我们当前的教育让许多受教

① 见《社会主义心理学》(*Psychologie du socialisme*)，第7版，和《教育心理学》(*Psychologie de l'éducation*)，第14版。

育者变成了社会的敌人，并且为最恶劣的社会模式招徕了大量拥趸。

这种教育——被准确地称为拉丁式教育，其第一大危险就是，建立在一个根本的心理学错误之上：认为背诵教材可以提高智力。因此，我们尽可能地努力学习，从小学到博士，或到大学，年轻人只是学习了书本内容，却从不自己判断、主动思考。对他来说，教育就是背诵和服从。前国民教育部部长儒勒·西蒙[1]曾写道："上课，就是死记硬背语法或缩写，好好重复，好好模仿，就是这样。在快乐教育里，所有的努力都是为了顺从师长不容置喙的威严，最后只会削弱我们，并让我们变得无力。"

如果说这种教育只是毫无用处，我们还可以悲悯一下那些不幸的孩子，明明有那么多东西可学，人们却宁愿教孩子们克洛泰尔后代们的家谱、纽斯特里亚和奥斯特拉西亚的斗争，或动物学分类；但是，这种教育更大的危害是，它会让受教育者对自身所处的环境产生强烈的厌恶，并强烈地想要

---

① 儒勒·西蒙（Jules Simon，1814—1896），全名儒勒-弗朗索瓦-西蒙·绥斯（Jules-François-Simon Suisse），法国政治领袖、哲学家，法国激进党理论家，普法战争期间曾担任法国国民教育部部长。

从中自我解脱。工人不想再当工人，农民不想再当农民，最后一个资产阶级认为他的儿子除了当政府公务员之外，没有其他职业发展的可能。学校不教人如何为生活做好准备，而是教人为公职做好准备，而这种成功不需要任何主动精神。在社会底层，学校制造了大批对自己的命运不满、随时准备反抗的无产者。在社会上层，它又创造出轻浮的有产者，他们半信半疑，对福利国家充满了谜之自信，但却不断地动摇，他们总是把自己的错误归咎于政府，但是，如果没有权威的干预，他们又一事无成。

全部有文凭的毕业生都是国家通过教材制造的，可国家却只能雇佣一小部分，这必然会让其他人失业。因此，国家只能供养前者，而后者则被当作敌人。在金字塔形的社会结构中，从上至下，大批有文凭的毕业生都在谋职。一个商人很难找到人代表自己去殖民地开拓业务，而哪怕是地位最低的公职都有成千上万的候选人。仅塞纳河省就有两万名教师失业，他们瞧不起农田和车间，只向政府讨生计。由于当选的人很少，不满的人必然很多。不满者已经为革命做好了准备，无论革命的领导是谁，目的是什么。汲取无用的知识是把人变成反叛者的可靠方法。[①]

当然，要回溯这一潮流已经太迟了。只有经验，民族的最后教育者，才能向我们揭示自身的错误。只有经验才能证明，必须用职业教育来取代我们那些烦人的教材和可怜的考试，它能够把年轻人带回已被遗忘的农田、车间和殖民地企业。

现在，思想开明者所呼吁的职业教育，就是我们的先辈过去所接受的教育，也正是现在以意志、主动和创业精神统治世界的民族懂得保留的教育。丹纳曾大篇幅地阐述过，我们过去的教育大约就是今天英式或美式的教育，并且，他将拉丁体系和盎格鲁-撒克逊体系进行对比，让我们清楚地看到这两种方法的结果。我会在后面展开说明。

如果肤浅地获得大量的知识，完美地背诵大量的教材，真的可以提高智力水平的话，也许我们可以接受传统教育的

---

① 这并非拉丁民族才具有的现象，在中国也能看到。中国是一个由高度等级化的文官阶层治理的国家。人们通过考试成为文官，而考试测试的只是对厚厚的教材流利的背诵。大量没有工作的文人成为今天中国的一大全国性灾难。同样，在印度，英国人开办学校，但并非像在英国那样开展教育，而是为了对土著进行教化，由此产生了一个特别的文人阶层，叫“巴布”。这些人找不到工作，变成了英国人强大的敌人。对于所有“巴布”来说，无论其是否有工作，教化的第一个后果就是极大地降低了他们的道德水准。我在我的《印度文明》一书中特地强调过这一点。所有到过印度半岛的作者都注意到了这一点。

所有缺点，哪怕它只会制造落伍者和不满者。但它真的做到了吗？不！判断、经验、主动和个性是生活中取得成功的必备条件，它们不是在书本中能学到的。书是用来查阅的有用字典，但是，在大脑里装过多的碎片知识，是完全多余无用的。

职业教育如何能以与传统教育相悖的方式来开拓智力呢？丹纳在下面的段落中清楚地做出了解释：

> 思想只能在自然和正常的环境中形成；而让思想萌芽的，正是年轻人每天在作坊、矿区、法庭、办公楼、工地、医院，在各种工具、材料和操作间里，面对客户、工人、劳动、良莠不齐的成果、花费巨大或盈利的工作时，他们所感知到的不计其数的印象。这是来自眼睛、耳朵、双手甚至嗅觉的细微且特别的感知，这些感知在无意识的状态下默默积累成长起来，在人的思想中组织起来，并迟早会形成某种新的组合，进一步简单化、节约化，或者进一步得到完善，或有所创新。而年轻的法国人却无法获得这些难能可贵的接触，恰好在他们茁壮成长的年纪，无法获得这些既相似又不可或缺的要素。在七八年的时间里，他们被关在学校，自己缺乏

直接的亲身经验来对事、对人、对掌控问题的不同方法进行准确且真实的认知。

……至少90%的人浪费了他们的时间和精力，浪费了他们生命中的几年，特别有效率、特别重要，甚至是决定性的几年：先算上参加考试中的有一半或者三分之二的人，我是说，那些被淘汰的人；其次，在那些被录取的人中，升学的、结业的和毕业生中，还有一半或三分之二的人，我是说，那些过度疲劳的人。我们对他们过分苛求了，他们一整天坐在椅子上或在黑板前，在整整两个小时内，成为一系列学科的全部人类知识的活字典；事实上，他们确实这么做了，或者差不多，就在那一天，那两个小时里；但一个月后，他们就不能了。他们不能再承受新一次考试；他们所学的东西太多，太沉重，不断地从他们的脑海中消失，他们不再有新的收获。他们的精神活力下降了；脑汁也干涸了；等他们再次出现时，已经成形了。他，工作了，结婚了，顺从地在圈子里转，并且永远在同一个圈子里转，自我拘束在自己的小办公室里；他做好自己的分内之事，但也仅此而已。这就是一般性的回报，当然，收入却不能平衡支出。在英国和美国，或者，就像1789年以前的法国一样，我们采用了相反的方法，而得到的回报是平衡的，或者更高一些。

这位杰出的历史学家接着展示了我们的制度与盎格鲁-撒克逊制度之间的不同。对他们来说，教育不是来自书本，而是来自事物本身。例如，工程师在车间接受培训，而不是在学校接受培训，每个人都能达到与他智力相符的水平，如果无法走得更远，就当个工人或领班，如果能达到一定的高度，就可成为工程师。这是一个民主且对社会有益的过程，而不是让一个人的整个职业生涯都依赖于他在18岁或20岁时所经历的一场几个小时的考试。

在医院，在矿山，在制造业，在建筑业，在律师业，这个学生，在他很年轻的时候就被录取了，先学习，再实习，像我们一样，如同知识分子做研究，如同画室里的画师。在入行之前，先学习一些通识性课程，为他今后的观察预设一个框架。但是，在他的能力范围内，经常还会有一些技术性课程，可以在空闲时间学习，以便和他日常积累的经验逐渐相适应。在这样的制度下，实践能力会增加，自我的发展也与学生的能力相匹配，学生也会通过不断的自我适应向他未来工作所要求的方向进步。通过这种方式，在英国和美国，年轻人很快就能从自己身上获得一切。从25岁开始，甚至更早，如果物资和资金都不缺的话，他不仅会是一个有用的执行者，而且会是一个自发的创业者，不仅是一个齿轮，而且是一个发动机。在法国，完全相反的方式更被推崇，我们所损失的力量是巨大的。

这位伟大的哲学家对我们拉丁式的教育和生活中日益增长的不便做出了以下结论：

在童年、少年和青年三个教育阶段，靠书本、坐板凳、学习理论知识和课本知识的时间过长过累，就为了考试、升学、毕业证、学位证，并且还是以最坏的方式，靠着反自然、反社会的制度，过分推迟实践学习，搞寄宿制、人为训练和机械填鸭，让学生们过度劳累，完全忽视将来的命运、成年后的生活，以及未来要处理的那些劳心劳力的琐事，不考虑年轻人即将踏入的真实世界，以及他应该提前适应或妥协的社会环境。在人际冲突发生时，他原本应该提前武装自我、训练自我、强化自我，以便自我保护、临危不倒。这种本领必不可少，这种学习高于一切，如此的目标明确和意志坚定，是我们的学校无法教给年轻人的，一切都是背道而驰，学生们远远不够资格，我们的学校没有让他们具备面对真实未来的能力。因此，当他们踏入社会，在实际生活中迈出前几步后，往往只会痛苦地跌倒；他们会伤痕累累，很长一段时间内都沮丧无力，甚至一生颓废。这是一种严酷而危险的考验，道德和精神之间的平衡被打破了，并且可能无法再恢复；一切都幻灭了，太突然，太彻底；失望过于沉重，挫败又过于强烈。①

在上述情况中，我们是否已经远离了群体心理？不，当

① 丹纳，《现代体制》(*Le régime moderne*)，第二卷，1894年。这几页基本上就是丹纳生前最后留下的文字，很好地总结了他长久以来的经历。教育是我们对一个民族的心理产生作用的唯一方式。令人悲伤的是，法国没人发现我们现今的教育堕落到了何种地步。教育没有提高年轻人的精神境界，却让他们沉沦、变态。

然没有。想要理解今天萌芽成长、明天蓬勃发展的思想和信念，你必须知道孕育它们的土地是怎样的。一个国家的年轻人所接受的教育或多或少能让人预见这个国家的命运。当代的教育验证了最悲观预言的正确性。从某种程度上讲，就是因为通过教育，群体思想才要么得以改善，要么更加恶化。因此，有必要说明当前的制度是如何塑造群体思想的，那些冷漠和中立的人是如何逐渐变成一群庞大的不满者的，他们随时准备听从空想主义者和修辞学家的所有建议。今天，学校培养了不满者和无政府主义者，为拉丁民族的衰落奠定了基础。

第二章

群体意见的直接因素

我们刚刚研究了那些能够让群体思想具备一种特别接收能力而起到间接准备作用的因素，这解释了为什么某些情感和思想会在群体中爆发。现在，我们再来研究可能导致行为立刻发生的因素。在下一章中，我们会看到如何通过操控这些因素来达到效果。

本书的第一部分探讨了集体的感情、想法和推理；了解了这些会让我们大概知道如何能够影响人心。我们已经知道，什么会激发群体的想象，比如暗示的力量和传染，特别是以意象的形式呈现的时候。但是，由于这些暗示的来源不一，所以能够影响群体思想的因素也是不同的。因此，必须一一审视这些因素。群体有点像古代寓言中的斯芬克斯，一定要知道如何解决他们的心理给我们带来的难题，否则就不得不被他们所吞噬。

1. 意象、文字和口号

在研究群体的想象力时，我们发现他们尤其容易被意象所撼动。如果我们并不总是拥有这些意象，可以合理地运用文字和口号来唤醒它们。通过艺术性的操控，文字和口号会真正获得相信魔法的人赋予它们的神秘力量。它们会在不同的灵魂中掀起最可怕的风暴，也知道如何平息它们。那些受文字和口号的力量蛊惑的受害者的骸骨可以建造一座比古老的胡夫金字塔还高的金字塔。

文字的力量与其唤起的意象息息相关，反而与它们真正的意义无关。那些定义最模糊的文字有时会产生最多的行动。例如“民主”“平等”“自由”等，这些术语的意义过于宽泛，哪怕运用大量的篇幅也不足以解释它们的准确含义。但是，它们简明的音节却拥有真正神奇的力量，仿佛包含了所有难题的解决办法。这些术语概括了各种无意识的渴望以及实现它们的希望。

推理和论据也无法与这些文字和口号对抗。当它们在人群中被虔诚地宣读时，突然间，一张张面孔变得敬畏起来，额头也垂了下来。许多人认为它们是自然的力量，甚至是超自然的力量。它们在灵魂中唤起一些崇高而模糊的意象，但是，这种模糊不清又增添了一层神秘的力量。我们可以将它们比作那些隐藏在神龛后的可怕神灵，供奉者只敢颤抖着与之接近。

文字所唤醒的意象与其本身的含义无关，在口号统一的前提下，它们会因年龄和民族的不同而异。某些文字只是暂时唤起某些意象，文字只是意象的启动按钮。

并非所有的文字和口号都有力量来唤起意象；可能唤起意象之后，它们的力量就枯竭了，无法再在思想中唤起任何东西。然后，它们就变成了无用的声音，只能让利用它们的人不再思考。有了年轻时学到的那些口号和共识，我们就拥有了度过一生所需的一切，而不需要费力地思考。

当我们思考某一种特定的语言时，就可以观察到，构成该语言的文字随着时间的流转，变化得非常缓慢。但是，它们所唤起的意象或被赋予的含义却在不断变化。这就是为什么我在另一本著作中给出了这样的结论：准确地翻译一种语言，尤其是当它涉及灭亡的民族时，是绝对不可能的。在现实生活中，我们怎样才能做到用一个法语术语来代替一个拉丁语、希腊语或梵语术语呢？甚至，我们如何尝试着去读懂一本几个世纪以前的本语种图书呢？我们只能用现代生活在我们大脑中所唤起的意象和看法来替代那些在旧时完全不同的概念和意象，毕竟旧时的生存环境和如今不可同日而语。法国大革命时期的人们，认为自己是在模仿希腊人和罗马人，其实也只是旧瓶装新酒而已。希腊人的制度和我们今天用同样的文字指代的制度之间有何相似之处？过去的共和国是什么？起码从本质上来讲，它是由少数暴君形成的贵族制度，他们统治着一群绝对服从的奴隶。没有奴隶制，以其为基础的地方贵族制度是不可能存在的。

“自由”一词，和我们今天所理解的自由有相似之处吗？在那个时代，思考的自由甚至不会被怀疑，也不存在比议论城邦的天神、法律和习俗更重大更罕见的罪行。“祖国”一词，在雅典人或斯巴达人的思想中，是指对雅典或斯巴达的崇拜，绝不是对希腊的崇拜，因为那时的希腊由多个敌对的城邦组成，战乱不断。“祖国”一词对古代高卢人又意味着什么呢？他们被划分为不同的部落、种族、语言和宗教。恺撒如此轻易地打败了高卢人，因为他总能从他们内部找到同盟。只有在罗马赋予高卢政治和宗教统一后，高卢才成为国家。甚至不用追溯到那么远，就在差不多两个世纪前，法国亲王们，比如联合国外势力反对王权的伟大的孔代亲王，所理解的“祖国”一词能和今天一样吗？对于当时流亡贵族来说，“祖国”一词的定义也和现在完全不同。他们想象自己为了荣誉法则攻击法国，事实上，他们遵循荣誉法则只是自己的看法，因为封建法律将封臣和领主联系在一起，而不是和土地联系在一起，并且，王权所辖之地，才是真正的祖国。

因此，许多词语的含义随着时间的流逝而发生了深刻的变化。只有经过长期努力，我们才能理解它们过去的含义。我们可以说，大量的阅读是必不可少的，唯有如此，我们才能理解“国王”和“王室”等词语在我们曾祖父眼中的含义。那么，那些更复杂的术语又是怎样呢？

所以，词语的含义是可变的，是短暂的，它们会随着时间和民族的变化而变化。当我们想对群体施加影响时，就必须知道词语在某一特定的时刻对于群体的含义，而不是它们曾经的含义，或者它们可能对精神构造不同的个人的含义。词语如同思想一样长存。

因此，在经历过政治动荡和信仰改变之后，群体往往会对某些词语所唤起的意象表现出深深的反感，所以，真正政治家的首要任务就是在不触及事物本身的条件下改换这些词语。因为它们与传承下来的宪法密切相关，无法改变。聪敏的托克维尔[①]明确指出，执政府和帝国的工作主要在于，为过去大多数机构更换新名字，用其他新词替换掉那些会在人们心里唤起令人反感的意象的词语，以防止悲剧重演。人头税，变成了地税；盐赋，变成了盐业税；间接税，变成了分摊金和权利税；行会管理税，变成了营业税；等等。

因此，政治家最重要的职能之一就是要用大众化的文字，起码是中立的文字，来命名大众讨厌的所有带着老名称的东西。文字的力量之大，一些精心挑选的词语就足以让最可恶的东西被接受。丹纳中肯地指出，正是由于引用了风靡一时的自由和友爱两个词，雅各宾派才能够“建立起堪比达

① 阿列克西·德·托克维尔（Alexis de Tocqueville，1805—1859），法国政治学家、历史学家，法兰西学院院士，众议院议员、法国第二共和国时期曾担任外交部部长。以《论美国的民主》和《旧制度与大革命》等著作闻名于世。——译者注

荷美王国[1]的专制主义，效仿宗教裁判所一般的法庭，进行类似古墨西哥的人类大屠杀”。统治者的艺术，就和律师的艺术一样，重要的是，善于运用语言。这是一门艰难的艺术，因为在同一个社会里，相同的词语在不同的社会阶层往往有不同的含义。表面上看，他们运用了同样的词语，但他们要表达的，绝不是同一种意思。

在之前的例子里，我们把时间看作是词语含义改变的主要因素。如果我们把种族因素也考虑进来，就会发现，在同一时期，对于文明程度相同的不同种族而言，同样的词语往往代表着非常不同的含义。不经过多次旅行，是无法理解这些不同的，因此，我无法执着于这些不同，只想指出，恰恰是最常用的词语，在不同的民族之间，有着最不同的含义。例如“民主”，今天，这个词是多么的常用。

事实上，拉丁人和盎格鲁-撒克逊人对这个词含义和意象的认识是完全不同的。在拉丁人看来，“民主”一词主要是指，个人的意志和主动性要让位于国家的意志和主动性。后

---

① 达荷美王国（Dahomey）是非洲历史上的一个王国，位于今日贝宁，建立于17世纪初，19世纪末沦为法国殖民地。——译者注

者要更多地负责管理、集中、垄断和制造。所有的政党，无论是激进党还是君主专制政党，都要无差别地诉之于国家。在盎格鲁－撒克逊人看来，特别是美洲的盎格鲁－撒克逊人，同是民主一词，它本身意味着个人意志的强烈发展，国家的消失，除了警察、军队和外交关系之外，其他一切都无须被领导，即使是教育。因此，在这两个民族中，同一个词的含义是完全相反的。①

2. 幻觉

自从文明出现以来，人们一直受到幻觉的影响。正是幻觉的创造者，建造了最多的寺庙、雕像和祭坛。过去的宗教幻觉，今天的哲学和社会幻觉，我们发现伟大的幻觉引领着所有我们星球上相继繁荣的文明。迦勒底②和埃及的庙宇，中世纪的宗教建筑，都以它们的名义而建造，并且，一个世纪前，

---

① 在《民族演变的心理法则》一书中，我特别强调了拉丁民族的民主理想与盎格鲁－撒克逊民族的民主理想之间的不同。

② 迦勒底（Chaldée），地处如今的伊拉克南部和科威特。公元前625年至前539年开始有部落进入该区居住，这些部落的住民就被称为迦勒底人。大约在公元前625年，迦勒底人夺得巴比伦尼亚的工位，建立了迦勒底王朝，亦即新巴比伦王国。——译者注

整个欧洲都以它们的名义被颠覆。我们的艺术、政治或社会思想无一不被幻觉打上烙印。人类有时会以可怕的动荡为代价来打破这些幻觉，但似乎到了最后，这些幻觉还是会卷土重来。没有它们，就无法摆脱原始的野蛮；没有它们，很快又会回到原始的野蛮。毫无疑问，这些都是空洞的影子，但是，我们梦想的残留会激励人们创造艺术的辉煌和文明的伟大。

“如果我们毁掉博物馆和图书馆里陈列的著作，如果我们把所有的艺术建筑夷平在广场的砖石上，没了这些曾启发宗教的一切事物，那么，人类伟大的梦想还剩下些什么呢？”一位总结过我们所有学说的作家写道。要给人类一点希望和幻想，不然他们无法存活，这就是神、英雄和诗人存在的理由。曾有那么一段时间，科学似乎承担了这项任务。但是，在渴望理想主义的人们心中，科学受到了摧残，因为它不敢做出足够的承诺，也不知道如何撒谎。

上个世纪的哲学家疯狂地摧毁先辈们几个世纪以来形成的宗教、政治和社会幻觉。他们依靠这样的毁灭掐断了希望和顺从的源泉。在被毁灭的空想背后，他们发现了自然的盲目力量，既对软弱无情，亦对悲悯无知。

尽管哲学取得了很大的进步，但是，它仍然无法给予人们为之燃烧的理想。对于他们来说，幻觉是不可缺少的，他们本能地被那些灌输幻觉的修辞学家所吸引，就像飞蛾扑火一般。促进民族发展的重大因素从来都不是真理，而是错误。科学论证并没有妨碍它的进步。它的主要力量来自那些对现实一无所知的人对它的坚实捍卫，他们敢大胆地向人类承诺幸福。社会幻觉，如今建立在过去堆积成山的废墟之上，未来是属于它的。大众从来不渴望真理。在令人不悦的事实面前，他们选择转身，如果错误让他们着迷，他们会更倾向于无视错误。懂得如何让人们产生幻觉的人，很容易成为他们的主宰者；而任何试图让人们幻灭的人，往往成为他们的受害者。

3. 经验

要想在群体的思想中树立牢固的真理，并消除过于危险的幻觉，唯一有效的方法就是依靠经验。但是，它必须在大范围的基础上不断重复才行。一代人的经验往往对下一代是无用的，这也就解释了为什么将历史事件作为论据是无用的。它们的唯一用处就是证明了，如果经验想要产生某种影响并消除根深蒂固的错误，就必须经过一代又一代不知何种程度的重复。

我们的世纪，以及上一个世纪，无疑会被未来的历史学家称作一个充满奇怪经验的时代。没有哪一个时代，有过如此多的经验。

最严重的一次就是法国大革命。为了证明人们无法依靠纯理性的指导来重建一个已经支离破碎的社会，就必须在长达20年的时间里，屠杀几百万人并打乱整个欧洲。为了通过实验证明，备受爱戴的恺撒大帝会让他的子民付出惨重的代价，就必须在50年之内制造两次毁灭性的灾难，尽管事实非常清楚，但是它们的说服力似乎不太够。然而，第一次灾难造成了300万人死亡和一次入侵，第二次灾难造成了社会解体，也反映了常备军的必要性。几年前，第三次灾难差点就发生了，而且肯定还会出现。为了证明庞大的德国军队并非像1870年前人们所说的，是一支防御性的国民自卫军①，我们

---

① 在这种情况下，通过对完全不同的事物进行粗略的联系，群体的意见由此形成。这种机制我之前已经展示过。我们当时的国民自卫军，由平和的店主组成，毫无纪律可言，也无法得到重视。而名称相似的东西又可以唤起相同的意象，因此他们被认为是无害的。群体的错误和普通舆论一样，也会出现在他们的领导人身上。政治家梯也尔（Thiers）时刻紧随公众意见。1867年12月31日，他在国民公会的讲话中再次重申，普鲁士的军队数量与我们大致一样，国民自卫军也与我们的相似，因此没什么大不了的。这一论断就和这位政治家认为铁路没有前途一样精辟。

不得不付出昂贵的代价，发动了一场可怕的战争。为了确定保护主义最终会毁灭那些接受它的民族，一些灾难性的经验也将不可避免。这样的例子不胜枚举。

4. 理性

在列举那些可能深刻影响群体思想的因素时，我们不得不提到理性，因为说明其影响的负面价值很有必要。

我们已经证明，群体不会被推理所影响，他们只理解一些大概的联想。因此，懂得如何打动人心的演说家，他们唤起的往往是情感，而非理性。理性逻辑的法则不会对群体起任何作用。[①]为了说服群体，首先必须清楚地了解他们会被

① 我对影响群体的艺术以及逻辑规则在这方面是如何没用的观察，开始于巴黎被围期间。那天我看到V元帅被拉到罗浮宫，当时罗浮宫是政府所在地，因为愤怒的人群以为抓到他复制防御地图卖给普鲁士军队。政府官员G.P.先生是有名的演说家，这时走了出来，向要求马上处决这位元帅的人群讲话。我以为他会说这种指责十分荒谬，被他们指控的元帅正是建设防御工事的人之一，并且工事的地图可以在任何一家书店买到。我当时还很年轻，看到他说的完全是别的东西，十分惊讶。演说家朝囚徒走去，喊道："正义会来的，毫不留情。国防部会继续你们的调查。此时，我们应该把罪犯关起来。"人群马上就获得了满足，平息下来，四散而去。过了15分钟，元帅就已经回到家里。面对愤怒的人群，如果他的辩护人讲的是逻辑道理——年轻的我还以为这最能说服人——那他当场就会被人剁成碎块。

何种情绪所感染，假装和他们一样感同身受，然后努力通过基本的联想来唤起一些暗示性的意象，从而改变他们的情绪；知道如何跟上他们的节奏满足他们的需求，更能在每一刻揣摩出他们的感受。随时按照说话时产生的效果来改变自己的语言十分必要，从而让任何经过精心研究和准备的演讲失去效果。如果演说家按照自己的想法而不是听众的想法行事，光凭这一点，他就会失去所有影响力。

那些喜欢逻辑思维的人，习惯于环环相扣的推理链，当他们情不自禁地在群体中运用这种说服方式时，会惊讶地发现，他们的据理争辩经常达不到效果。一位逻辑学家写道："建立在三段论基础上的数学结果，也就是说，建立在同一性联想基础上的结果，是必要的……这种必要性甚至会让无机体产生认同，如果它能明白同一性联想的话。"也许是吧。但是，群体并不比无机物更能明白同一性联想，他们甚至什么都不听。例如，当你试图通过推理来说服原始、野蛮或幼稚的头脑时，你会意识到这种推理方法几乎毫无价值。

我们甚至完全没有必要回溯到原始人时代就可以确定，当不得不与情感作斗争的时候，推理是彻底无用的。我们只要回想一下，在漫长的几个世纪里，宗教迷信是多么的顽固，可它们连最简单的逻辑都不符合。在将近两千年的时间里，连最聪明的天才都屈从于宗教法则，一直到现代，它们的真实性才被质疑。中世纪和文艺复兴时期有许多智者；但是，他们中间没有任何一个人站出来运用推理来揭示这些迷信幼稚的一面，让人对魔鬼的恶行或者焚烧巫师的必要性产生一丝怀疑。

我们应该为理性无法引导群体而感到遗憾吗？我们不敢这么说。毫无疑问，人类的理性，不能像空想那样激发出人类的热情和勇气，从而引导人类走向文明的道路。作为引导我们前进的潜意识的产物，这些空想可能是必要的。每一个种族的精神结构里都包含着自身的命运法则，也许每个种族之所以遵循这些法则是出于情非得已的本能，即使在看起来最不合理的冲动中。有时候，人们似乎受到某些神秘力量的支配，就像让橡果长成橡树或者让彗星沿着轨道运行的那些力量一般。

我们必须从一个民族的整体发展过程中去寻找我们所能预感的这些力量的些许痕迹，而不是在这个发展过程中偶然产生的孤立事件里寻找。如果只着眼于这些孤立事件，那么历史似乎就是由一些荒谬的偶然事件所决定的。很难让人相信，加利利地区一个没文化的木匠能够封神两千年，并且，最重要的文明是以他的名义开启的；[1]同样不可思议的是，几批走出沙漠的阿拉伯人征服了大部分古希腊—罗马世界的领土，并且建立了一个比亚历山大帝国更伟大的帝国；还让人难以相信的是，在非常古老又等级森严的欧洲，一个普普通通的炮兵中尉成功地统治了民众和国王。

因此，让我们把理性留给哲学家们，而不要让理性过多地干预人类的治理。情感并不是因为理性而产生，而是在理性无效的情况下，情感才出现，比如荣誉、牺牲、宗教信仰、对荣誉和祖国的热爱，这些情感是迄今为止所有文明的伟大源泉。

① 指的是耶稣。耶稣出生于加利利地区的拿撒勒，他先是向父亲约瑟学习木匠的手艺。传说耶稣还很年轻时，约瑟便去世了，身为家中长子，耶稣继承约瑟的事业，在拿撒勒做木匠。——译者注

第三章

群体领袖
及其说服的方法

现在，我们已经了解了群体的精神构成，也知道怎样的动机能够深入他们的思想。我们仍然需要研究如何应用这些动机，以及通过哪些人才能有效地实现这些动机。

1. 群体的领袖

当一定数量的生物聚集在一起时，无论是一群动物还是一群人，都会本能地服从于一个领导者的权威，即一位领袖。

在人群中，领袖扮演着非常重要的角色。他的意志就是核心，观点就是围绕着这一核心产生并统一的。群体是不能缺少主人的。

首先，领袖通常会被某个想法所催眠，之后，他就变成了这一想法的捍卫者。这个想法会将他完全吞噬，除此以外的一切会全部消失，任何相左的意见在他看来都是错误的、迷信的。比如罗伯斯庇尔，他被自己不切实际的想法所催眠，于是使用宗教裁判所的手段来进行思想传播。

我们所说的领袖通常不是思想家，而更可能是个行动者。他们没有远见，也不可能有远见，因为有远见的人通常会犹豫不决。他们主要来自那些神经有毛病的、容易激动的、半疯的人，总之统统是处于疯狂边缘的人。不论他们捍卫的观点或追求的目标是多么荒诞，他们的坚定信念都不会被任何论证所动摇。蔑视和保留态度只会让他们更加兴奋。个人利益、家庭，一切都被牺牲了。自我保护的本能从他们身上全然消失，以至于他们经常要求的唯一回报就是以身殉职。他们信仰之强烈，会让他们的话语具有强烈的暗示力量。群体总是会倾听意志坚强的人说话。人们聚在一起，结成群体，丧失了所有的意志，于是本能地听从那些拥有意志的人。

领袖，人民是从来都不缺的，但不是所有人都有成为思想捍卫者的坚定信念。他们通常是狡猾的演说家，只追求个人利益，试图通过迎合低级的本能来说服别人。他们所能施加的影响通常是短暂的。那些唤醒群众灵魂的伟大信徒们，比如隐修士彼得[①]们、路德[②]们、萨伏那洛拉[③]们、法国大革命的发动者，他们之所以被人追随，是因为事前已经被一种信仰所征服。所以，他们能够在人的灵魂中埋下一种叫作信仰的强大力量，让人彻底地沦为自己梦想的奴仆。

创造信仰是伟大领袖的重要任务，无论是宗教信仰、政治社会信仰，还是对一项事业、对一个人、对一种思想的信仰。在人类所拥有的全部力量中，信仰一直是最重要的力量之一，所以，《福音书》赋予其移山的力量也就说得通了。给人以信仰，等于带给人十倍的力量。历史上的重大事件往

---

① 隐修士彼得（Pierre l'Ermite），中世纪基督教隐修士，生于法国亚眠，据说是十字军东征的发起人，他曾积极向乌尔班二世游说，极力煽动基督徒参加十字军东征。——译者注

② 马丁·路德（Martin Luther，1483—1546），神圣罗马帝国教会司铎兼神学教授。1517年诸圣节的前一天，路德在当地教会的门上贴出布告，列出反对赎罪券的95条论纲，由此引发宗教改革，促成新教的兴起。——译者注

③ 吉罗拉莫·萨伏那洛拉（Girolamo Savonarola，1452—1498），意大利多明我会修士，从1494年到1498年担任佛罗伦萨的精神和世俗领袖。他以在虚荣之火事件中反对文艺复兴艺术和哲学，焚烧艺术品和非宗教类书籍，毁灭被他认为不道德的奢侈品，以及严厉的讲道著称。萨伏那洛拉因施政严苛而被佛罗伦萨的市民推翻，以火刑处死。——译者注

往是由只沉迷于自己信仰的芸芸信徒造成的。统治世界的宗教，以及横跨两个半球的庞大帝国，不是靠文人，不是靠哲学家，更不是靠怀疑论者建立起来的。

但是，这样的例子适用于伟大的领袖们，伟大的领袖非常少见，在历史上几乎屈指可数。他们连续不断地组织一系列会议，从煽动者到工人，他们聚在烟雾缭绕的小酒馆，慢慢地诱惑他的志同道合者，不停地玩味自己不理解的口号，但是在他看来，运用口号一定能实现所有的梦想和希望。

在每一个社会领域，从最高层到最底层，当一个人不再孤立，他就会很快陷入领袖法则。绝大多数个人，尤其是广大民众，在各自的专业领域以外，没有任何清晰理性的思想，他们是不可能自我引导的，领袖才是他们的向导。在紧要关头，领袖可以被一些期刊所取代，但这远远不够，期刊为读者制造观点，并为他们提供一些无须思考的现成语句。

领袖的权威是非常专制的，也只有在这种专制主义的情况下，权威才能强加于人。我们注意到，哪怕是最动荡的工人阶级，也会轻而易举地服从于权威，而事实上，领袖们没有任何办法支撑自己的权威。他们确定工作时间、工资比，决定是否罢工、何时开始罢工，并且在哪一确定时刻结束。

如今，随着公共权力允许被讨论、逐渐削弱，领袖们往往倾向于逐渐取而代之。由于他们的暴政，这些新的主人从群体中获得了任何政府都未能享有的绝对顺从。如果由于某个偶然事件，领袖消失了，又没有立刻被接替，群体就又会变成一个没有凝聚力和抵抗力的团体。在一次巴黎公共汽车工人罢工中，只逮捕了两名指挥罢工的领袖，就足以让罢工立即停止。占据群体灵魂的不是对自由的需要，而是对奴役的需要。他们对顺从的渴望使他们本能地服从那些自称是他们主人的人。

领导层中，我们可以准确地进行划分。有些人精力充沛，意志坚强，但是持续时间短；另一些人则更少见，他们的意志坚定且持久。前者暴力、勇敢并果断。他们尤其可以助人一臂之力，带领群体不顾危险，把前一天晚上新招的士兵变成英雄，例如第一帝国时期的内和穆拉特。还有我们今天的加里波第，一个没有天赋但精力充沛的冒险家，和几个人一起成功地占领了那不勒斯旧王国，尽管这个王国是由一支纪律严明的军队所保卫的。

但是，虽然这些领袖精力充沛，但这一状态是短暂的，一旦让他们兴奋的事物消失，他们也就萎靡了。回归普通的日常生活后，原本活力四射的英雄们经常表现出惊人的软弱，就像我刚才提到的那些人一样。即使在最简单的情况下，他们似乎也无法思考和自我引导，尽管他们很明白如何领导别人。这些领袖只有在自己不断受到引导和激励、感觉自我之上存在一个更强的人或思想、遵循既定路线的情况下才能履行自己的职责。

第二类领袖，即具有持久意志的人，尽管从表面上看不那么起眼，但其影响要大得多。包括真正的宗教领导人或伟大事业的开创者：圣保罗、克里斯托弗·哥伦布。聪明或是愚蠢，这并不重要，世界永远是属于他们的。他们所拥有的坚定意志是一股绝对罕见和强大的力量，能使一切屈服。人们并不总是能充分认识到强大和持续的意志能带来什么。没有什么能抵挡住它，无论是自然、神明，还是人类。

最近的一个例子，是一位杰出的工程师，他将两个世界分隔开，完成了三千年来许多伟大君主所未竟的事业。后来，他在一项同样的事业上却失败了。但是，衰老已至，一切都熄灭了，包括意志。[1]

为了证明意志的力量，我们只需详细描述开凿苏伊士运河时所克服的重重困难即可。目击者卡扎里斯博士，用几行醒目的文字总结了这位不朽的伟人所描述的伟大事业："他一天天一章章地讲述运河的史诗。他叙述了他必须克服的一切，他让一切不可能成为可能，所有反对他的联盟，所有的挫折，所有的厄运，所有的失败，都不能让他灰心，也不能将他击败。他回忆起了英国，不断攻击他，打击他。埃及和法国，总是犹豫不决。那个法国领事，他比任何人都反对初期工程。由于遭到抵抗，他就拒绝给口渴的工人提供淡水；海军部官员和工程师，全是严肃的人，经验丰富，具有科学思想，可都天生怀有敌意一般，他们认为灾难一定会发生，都在计算和预测在某一天或某一刻它们就会来临，就像预测

① 指主持开凿苏伊士运河的雷赛布。斐迪南·德·雷赛布（斐迪南·玛利·维孔特·德·雷赛布）(Ferdinand Marie Vicomte de Lesseps，1805—1894)，法国外交官、实业家。1854年，雷赛布开始主持修建苏伊士运河。在欧仁妮皇后和拿破仑三世的支持下，雷赛布于1858年底成立了国际苏伊士运河股份有限公司以获取资金，并终于在1869年完成工程。雷赛布由此名利双收。1884年他被选为法兰西学院院士。后因修建巴拿马运河失败而被判入狱，饮恨而终。——译者注

日食一样。”

这本讲述所有这些伟大领袖生活的书里，几乎没有他们的名字；但是，这些名字是文明和历史上最重要事件的主角。

2. 领袖行动的手段：断言、重复、传染

要引领一个群体一段时间，并让他们采取某种行动，无论是毁掉一座宫殿也好，还是自我牺牲来保卫一处防御工事也罢，都需要迅速地对他们施加暗示。最为有效的方式是树立榜样。因此，需要在特定的场合，让群体做好准备，而带领他们的人需要一种叫作“威望”的品质，我将在下文对此加以研究。

要在群体成员的心里慢慢灌输想法和信仰，比如现代社会理论，领袖所采取的方法各有不同。但总体上他们都会采取下面三种手段：断言、重复、传染。运用起来会很慢，但效果持久。

纯粹而简单的断言，无须任何推理和证据，这是在群体成员心里植入想法的一种可靠方式。断言越简短，越缺乏证据和推理，就越是权威。宗教书籍和各个时代的法律都是简单的断言。号召人们维护政治事业的政客、发布广告推销产

品的工业家，都清楚断言的价值。

但是，断言要获得真正的影响，就必须不断地重复，以相同的说法，重复得越多越好。拿破仑曾说，真正的修辞手法只有一种，那就是重复。通过重复，确认的事情可以在人们心里扎根，就好像是经过检验的真理一样。

当我们看到重复对最聪明的大脑产生的作用时，就会清楚地知道重复对群体的影响力。实际上，被不断重复的事情最终会深入到潜意识里最深处，我们行为的动机正来源于此。过了一段时间之后，我们会忘记这些不断重复的断言的出处，于是就相信了。这也解释了广告的巨大威力。在我们看过一百遍说最好的巧克力是X巧克力的广告之后，我们会以为经常听见别人这么讲，于是对这一点深信不疑。成千上万个案例证明Y药粉治好了名人们的陈年旧疾，我们也会被说服，最终自己在得了同样的病以后，也会想着试一试。在同一份报纸上不断看到说A是不容置疑的浑蛋，而B是诚实可信的好人，我们就会确信不已，当然，我们也没读过另外一份观点不同的报纸，里面对他们的描述是完全相反的。只有断言和重复有足够的威力相互较量。

当一句断言重复的次数足够多时，会形成一致性，就像买下所有债权的金融企业一样，形成一种所谓的流行意见，强大的传染机制便会运作起来。在群体中，想法、情感、情绪、信仰都拥有微生物一般强大的传染力。这种现象在成群的动物中也能看到。马厩里一匹马的习惯动作很快就会被同一马厩的其他马模仿。几只羊受了惊吓，骚动起来，很快也会传遍整个羊群。情绪的传染可以解释恐慌在一瞬间爆发的原因。大脑功能的紊乱，比如癫狂，也可以通过传染而扩散开来。我们知道有多少精神病医生自己也有精神病。甚至有人说，有些癫狂症，比如广场恐怖症，能从人传染给动物。

传染并不需要人们在同一时间出现在同一地点。一些特定的事件，特别是上文研究过的间接因素造成的事件，能将人们的心思引向同一个方向，并赋予他们群体的特征。在此类事件的影响下，传染可以远距离完成。因此，比如1848年革命，在巴黎爆发，然后很快就波及欧洲大部分地区，让许多君主制国家摇摇欲坠。[①]

模仿对于社会事件有着巨大的影响力，但实际上这只是

① 参见我最近的一些著作：《政治心理学》《舆论与信仰》《法国大革命》。

传染带来的一个并不起眼的效果。我在其他地方已经阐述过模仿的作用，我只是重复我早就说过的话，其他作者也在此基础上展开过论述：

“人和动物一样，自然地善于模仿。模仿是人的一种需求，当然是在模仿很容易的前提下。正是因为人有这样的需求，才有时尚的出现。无论是意见、想法，还是文学活动，或者仅仅是服装，谁又能摆脱时尚的控制呢？支配群体的是榜样，而非论证。每个时代都有少数几个人的行动是无意识的民众模仿的对象。但这些个体也不能与普遍接受的观念太过不同，否则模仿起来会很困难，这样他们也就没有什么影响力。正因如此，太过超前于时代的人基本上对时代没有任何影响力。差距太大了。也是出于同样的原因，欧洲人虽然在文明上有各种优势，但对东方民族也影响甚微。

“过去的行动和模仿的双重作用，让同一个国家、同一个时代的人呈现出相似的面貌。即使是看起来最不应该受影响的人，如哲学家、学者、文学家，他们的思想和风格都像出自同一派别，让人一下子就能认出他们所属的时代。只需同一个人聊会儿天，就能深入地知道他读过什么书，做什么职业，属于什么阶层。”[1]

传染的力量之强，不仅能够把特定的意见强加于人，还能赋予他们感受的方式。传染能让人在某个时期蔑视一部作品，比如《唐怀瑟》[2]，但几年后，曾经对其大肆诋毁的人又会对它大加赞赏。

意见和信仰都是通过传染传播，而很少通过推理传播。在小酒馆里，正是通过断言、重复和传染，当今对于工人的概念才得以建立起来。各个时代群体的信仰也都是用这种方式建立起来的。勒南恰当地将基督教的早期创始人与“把他们的思想从一个酒馆传播到另一个酒馆的工人”相比。关于基督教，伏尔泰说：“在一百多年时间里，只有最卑鄙的恶棍才信。”

在同我刚刚列举的情况相似的例子中，传染在影响大众阶层之后，会扩散到社会的上层。因此，在传染的机制面前，个人利益消失了。

因此，上层最终接受了所有流行开来的意见，无论获得

---

① 古斯塔夫·勒庞，《人与社会》，第二卷，第116页，1881年。

② 《唐怀瑟》（*Tannhäuser*），全名为《唐怀瑟与瓦特堡歌唱大赛》，是德国作曲家理查·瓦格纳的一部歌剧。——译者注

胜利的意见是多么荒谬。社会下层对上层的这种反作用十分奇特，因为群体的信仰总是或多或少地来自一些更高深的观念，但这些高深的观念在它所诞生的环境里却一直没有影响力。领袖被这些高深的观念所俘获，然后占为己有，通过歪曲改造，创造出一个派别，继续对它进行改造，然后把越来越扭曲的观念在群体中传播。在成为大众真理之后，这个观念会回溯到起源的地方，影响一个民族的上层。最终是智慧在引导世界，但是站在远远的地方。作为观念缔造者的哲学家早已归为尘埃，但观念会通过我描述的机制产生效果，他们的思想最终获得了胜利。

3. 威望

如果说通过断言、重复和传染而传播开的意见具有强大的力量，那是因为它获得了一种名叫威望的神秘力量。

所有统治过世界的思想或者人物，基本上都是通过这一股不可抵挡的力量而获得成功的，这股力量的名字就叫威望。我们都明白这个术语的意思，但每个人使用它的方式各有不同，所以要准确定义它并不容易。威望可能包括像仰慕和恐惧之类的情感，但没有这些，威望也能存在。一些已经过世的人，如亚历山大大帝、恺撒、穆罕默德、释迦牟尼，他们具有很高的威望，但我们并不会感到害怕。另外，一些我们并不喜欢的虚幻形象，比如印度地下庙宇中面目可憎的神灵，也让我们感觉他们具有很高的威望。

实际上，威望是一个人、一部作品或者一种学说对我们的吸引力。这种吸引力能够瘫痪我们所有的批判力，在我们心中填满惊奇和崇敬。由此唤起的感情和所有情绪一样，无法解释，但很可能和被魅力四射的人所吸引的感觉一样。威望是所有统治最有力的支撑。没有它，神灵、国王和女人都不可能统治得了。

威望大体分为两种类型：获得型威望和个人型威望。获得型威望来自姓氏、财富和声誉，可以独立于个人威望而存在。个人型威望则相反，它是纯粹个人性质的，有时与声誉、荣耀、财富共存，或者由它们强化，但完全可以独立存在。

获得型威望，或者说人为的威望，最为常见。只要一个人占据某个位置、拥有一定的财富、获得了某些头衔，他就披上了威望的光环，即使他个人毫无价值也无所谓。穿着军装的军人、披着红袍的法官，都具有威望。帕斯卡曾一针见血地指出，法官穿红袍、戴假发十分必要。没有这些装束，法官的权威性就要丧失一大半。在看到王子或者公爵时，也会心生触动，而这些头衔足以骗到一个生意人，从他那儿占到任何想要的便宜。[1]

我刚刚谈到的威望是由人带来的，除此之外还有通过舆论和文艺作品等带来的威望。通常这只是简单的重复而已。历史，尤其是文学史和艺术史，仅仅只是重复同样的判断，没有人想到去核对一下，每个人都重复在学校学到的东西。有些名字和事物没有人敢去触碰。对于现代读者来说，荷马的作品毋庸置疑十分无聊。但谁敢说出来？以目前的状况来看，帕特农神庙不过是毫无意义的废墟，但它的威望巨大，看到它，历史的记忆就会浮现。威望的本义就在于不让

---

① 头衔、绶带、制服给群体施加的影响存在于各个国家，即使是在一些个人独立性很强的国家也是这样。一位旅行者写了一本关于英国一些大人物威望的书，我在此引用其中很有意思的一段话。

“在许多场合下，我都感受到，最为理性的英国人，在接触或者看到一个英国贵族时表现出来的那种特别的沉醉感。

“只要他的地位高，他们就喜欢他，和他在一起就能愉快地接受他的一切。看到他走近，脸就会变红；而如果他们能和他说上话，脸就会更红，两眼放出平时见不到的光芒。他们血液里流淌着对贵族的崇敬，就像西班牙人的血液里流淌着舞蹈、德国人流淌着音乐、法国人流淌着革命一样。他们对莎士比亚的马也没这么高的热情，从他那儿获得的满足和自豪也没这么深。《贵族之书》大卖，不管走到哪儿，我们都能看到这本书像《圣经》一样，人手一本。”

人按照事物本来的样子看待事物，让我们的判断能力都陷于瘫痪。现成的意见，群体是一直需要的，单独的个体有时也需要。这些意见是否成功，与它们正确还是错误无关，而是仅仅取决于它们的威望。

我现在说说个人型威望。个人型威望与人为或获得型威望不同，个人型威望独立于任何头衔、任何权威。少数具有个人型威望的人对他们周围的人有真正的磁铁般的吸引力，包括与他们地位相当的人。人们服从他们就像猛兽服从它本可轻易吞噬的驯服者一样。

人类历史上伟大的领导者，如释迦牟尼、耶稣、穆罕默德、圣女贞德、拿破仑，都在很高程度上具备这种威望。正是凭借这种威望，他们才让人接受。神灵、英雄、学说让人无须讨论，不得不接受，只要一讨论，神灵、英雄和学说就烟消云散了。

我列举的这些人，在成名之前，就已经具备强大的吸引力，没有这样的吸引力，他们也不会出名。拿破仑处在荣耀之巅时，仅仅因为其权力，就享有巨大的威望。但在他的事业开始时，他就已经拥有了一部分威望。他当时还是一个默默无闻的将军，被他的保护人派去指挥意大利军队。他当时面对的是一群粗鲁无礼的将军，他们准备要给这个督政府空降的年轻人好看。从第一次见面的第一分钟开始，甚至没有开口说话，也没有任何动作和威胁，他们一看到这位将来的伟人，就彻底被他折服。丹纳根据当时人的回忆，记述了这次有趣的会面。

> 各师将领，比如奥热罗[①]，都是些粗鲁善战的人，对他们高大威武的身材和所向披靡的勇气十分自豪。来到将军营地时，他们对这个从巴黎来的小个子新贵颇为不满。在听完对他的介绍后，奥热罗脏话连篇，十分不服。他是巴拉斯[②]眼里的红人，葡月政变里出来的街头将军，像一头熊一样，总是一个人思考，其貌不扬，还有数学家和梦想家的美名。他们被引进军营后，拿破仑却让他们等着。最后他终于佩着剑出现了，戴上了帽子，传达

---

① 夏尔·皮埃尔·弗朗索瓦·奥热罗（Charles Pierre François Augereau, duc de Castiglione，1757—1816），法国元帅，曾随拿破仑远征皮埃蒙特和伦巴第。——译者注

② 保罗·巴拉斯（Paul Barras，1755—1829），法国大革命时期的政治家，在1795年至1799年间担任法国督政府的督政官。他在土伦战役中与拿破仑熟识。在担任督政府主席期间，任命拿破仑为意大利部队将军。——译者注

了他的部署，下达了命令，之后就把他们打发走了。奥热罗一句话没说。出去之后他才缓过神来，又开始像平时一样骂骂咧咧。他对马塞纳[①]说，这个小个子傻……将军让他感到害怕，他想不通为什么第一眼就被镇住了。

成为伟人以后，拿破仑的威望与他的荣耀与日俱增，在追随他的人眼里，就像一个神灵。旺达姆将军是个典型的粗俗军人，比奥热罗还要粗俗。1815年的一天，他和奥尔纳诺[②]元帅一起，走在杜伊勒里宫的台阶上，他对元帅谈起拿破仑时说道：

“亲爱的元帅，这个魔鬼一样的人，他在我身上施了什么魔法，我自己都搞不清楚。像我这样既不信神也不信鬼的人，在靠近他时竟然会像孩子一样颤抖。他能让我钻进针眼里，再把我扔进火里。”

---

① 安德烈·马塞纳（André Masséna，Duc de Rivoli，Prince d’Essling，1758—1817），里沃利公爵，埃斯林亲王，法国革命战争和拿破仑战争中的重要指挥官，拿破仑称赞他是帝国中最响当当的人，不少法国元帅都曾经在马塞纳麾下效力。——译者注

② 菲利普·安托万·奥尔纳诺（Philippe Antoine d’Ornano，1er comte d’Ornano，1784—1863），法国元帅，1808年被法兰西第一帝国封为奥尔纳诺伯爵。——译者注

对于所有接近拿破仑的人，他施加的魔力都是一样的。[1]

达武[2]谈及马雷[3]和他自己对皇帝的效忠时说道："如果皇帝对我们俩说：'出于我的政策考虑，我必须毁掉巴黎。任何人不得出城或者逃走。'我确信马雷会保守秘密，但他肯定会违背皇帝的命令把他全家送出去。但我呢，我怕秘密会泄露，会让我的妻儿都留下来。"

这种巨大的吸引力就解释了他为什么能不可思议地从厄

---

① 皇帝很清楚自己的威望，也知道把周围的大人物像马夫一样对待能够增加自己的威望，这些大人物中有好几个是让整个欧洲都害怕不已的国民公会议员。当时的许多记录都充分地说明了这一点。有一天，在最高行政法院，拿破仑狠狠地责骂了勃涅诺，像对待一个犯错的仆人一样对待他。这些行为起到作用后，拿破仑走近他，对他说："好了，傻瓜，你现在有脑子了吧？"此时，和军乐队队长一样高大的勃涅诺俯下身，小个子拿破仑伸出手，扯了扯大个子的耳朵。勃涅诺却写道："这是让人沉醉的荣宠，这是通情达理的伟大主人的亲密举动。"这样的例子充分说明，威望能够让人多么地卑躬屈膝。这样人们就能理解为什么大独裁者都十分蔑视自己周围的人了。

② 路易·尼古拉·达武（Louis Nicolas d'Avout，1770—1823），法兰西第一帝国元帅，对军纪素来严苛，被称为铁帅。——译者注

③ 于格-贝尔纳·马雷（Hugues-Bernard Maret，1763—1839），法国政治家，外交官，法兰西学术院院士。——译者注

尔巴岛回来。孤身一人的拿破仑一下子征服了整个法国，面对一个我们确信已经厌倦了他独裁统治的大国，他竟然打败了这个国家组织起来的反对力量。他只看了一眼发誓要抓住他的将军们，这些人就缴械投降了。

> 英国将军吴士礼写道："拿破仑从他的王国厄尔巴岛像个逃犯一样，几乎是一个人登陆法国，几周之内就兵不血刃地把法国国王合法统治下的法国权力机构完全推翻了。还有什么比这更非凡的方式能证明一个人的魅力？这是他的最后一战，他从头到尾对同盟国施加了多大的吸引力，能让它们被牵着鼻子走，差一点就被打败？"

拿破仑的威望在他死后仍然存在，甚至与日俱增。正是他的威望让他默默无闻的侄子登上了皇帝的宝座。我们看到，他的传奇在今天复苏，足见他的影响力多么深远。虐待人民、屠杀民众上百万、一次次地入侵他国，这些都是允许的，只要你有足够的威望，也知道如何保持这威望。

我在这里提到的也许是一个绝无仅有的例子，但这能让我们理解各大宗教、学说和帝国的起源。如果没有威望对群体的影响力，这样的起源完全是不可理解的。

但威望并不仅仅建立在个人魅力、军事荣耀和宗教恐怖之上，其源头也可能没那么起眼，但力量同样十分可观。本世纪这样的例子也不少，其中的一个，是我之前提到过的名人，他的故事后世将代代相传。他把陆地一分为二，改变了地球面貌和商业往来。他能完成这一壮举，是因为他有非凡的意志，同时也因为他对身边的人具有巨大的吸引力。要说服全体一致的反对意见，他只要站起来说几句话，他的魅力就能化敌为友。英国人尤其坚决地抵制他的计划，但他去了一趟英国，就把所有人联合了起来。后来他路过南安普顿时，他走到哪里，教堂的钟声就响到哪里。在征服了一切人和事之后，他认为不会再遇到什么阻碍，于是想用老办法在巴拿马开凿一条苏伊士运河。然而，能移山的信仰只能移动并不太高的山。高山移不动时，灾难便接踵而至，熄灭了环绕着英雄的灿烂光辉。他这一生教会了人们，威望如何产生，又怎样消失。他的伟大曾足以与最著名的历史人物相提并论，但之后却被自己国家的法官划入最卑鄙的罪犯行列。他的灵柩无人相伴，所过之处是无动于衷的群体。只有外国元首们向他表示敬意。[①]

刚刚我举的例子都是些极端情况。要在细节上阐述威望心理学，就要考察一系列的人，从宗教和帝国的创立者，到希望用新衣服或装饰品赢得邻居赞叹的普通人。

处在这两个极端之间的是文明各种元素所表现出来的各种形式的威望，包括科学、艺术、文学等，于是我们可以看到，威望是说服的基本要素。具有威望的个人、想法或者事

---

① 一份国外报纸——维也纳的《新自由报》，在反思雷赛布的命运时，涉及了很深刻的心理学，因此我把这段论述引用于此：

"在斐迪南·德·雷赛布被判刑之后，我们也就不必对克里斯托弗·哥伦布的悲惨命运感到惊讶了。如果费迪南·德·雷赛布是骗子的话，那所有高贵的幻想都是罪恶。在古代，人们应该会给雷赛布戴上荣耀之冠，让他在奥林匹斯山上开怀畅饮，因为他改变了大地的面貌，让造物主的作品更加完美。给费迪南·德·雷赛布定罪，上诉法院的庭长因此而不朽，因为人们会不断地追问，是谁给一个被同时代的人视作荣光的老人穿上囚衣，而贬损了整个世纪。

"别再跟我们讲什么不屈的法律，有的只是官僚主义对伟大事业的憎恨。各民族需要这样胆大自信、敢于突破藩篱而毫不顾及自己的人。天才不能过于谨慎，太过谨慎就永远无法拓展人类活动的边界。

"……费迪南·德·雷赛布尝过成功的迷醉和失望的心酸：苏伊士和巴拿马。在这里，我要反对赢者通吃的道德观。斐迪南·德·雷赛布成功把两片海连在一起的时候，各国都向他致敬。今天，他栽在安第斯山脉的岩石上，于是变成了粗鄙的骗子……这是社会阶级之间的战争，官僚和职员自己心生不满，利用刑法报复那些想要成为人上人的人……面对人类天才的伟大想法，现代的立法者处境尴尬。公众明白的更少，检察官很容易就证明斯坦利是凶手，而雷赛布是骗子。"

物能通过传染马上被效仿，让一代人全部接受特定的感知和诠释思想的方式。这种效仿常常是无意识的，也正因如此，才能做到彻底。现代画家复制文艺复兴前期艺术家作品中被擦掉的颜色和僵硬的姿态，却从来不想想自己的灵感来自何处。他们真诚地相信自己的创作，但如果没有一位杰出大师复活这一艺术形式，人们看到的只是稚嫩、低劣的一面。有的画家以一位著名的革新者[①]为榜样，在画布上画满紫色的影子，但他们在大自然里见到的紫色并不一定就比50年前多。一位拥有很高威望的画家，凭着个人的特殊印象，就对他们产生了这样的暗示。这样的例子可以在文明的每个要素中找到。

我们从上述内容可以看到，许多因素都可以成为产生威望的原因，其中最重要的一点就是成功。一个成功人士、一个让人接受的想法，正因其成功而免受质疑。

威望总是随着失败而消失。前一天还被群体欢呼的英雄，只要被命运打倒，就会在第二天引来嘘声。威望越高，引发的反作用越强。人们会把失落的英雄看成和自己一样的人。

---

① 指印象派画家莫奈。——译者注

在这之前居然对他低头顺从，而现在他的优越感已经消失，人们自然要加以报复。罗伯斯庇尔砍了许多同僚和其他同时代人的头，具有无比的威望。但仅仅几个不再支持他的声音就让他威望尽失。群体满嘴诅咒地跟着他走向断头台，前一天，他们也把这些诅咒说给罗伯斯庇尔的受害者听过。信徒总是会狂怒着砸掉以前信奉的神灵的雕像。

被失败夺走的威望是突然间消失的，而人们的讨论也可以让威望衰落，但过程更加缓慢，这种手法取得的效果却是真真切切的。能被讨论的威望已经不再是威望了，长期拥有威望的神灵和个人从不允许人们进行讨论。要享受群体的敬仰，就一定要与他们保持距离。

第四章

群体信仰和意见变化的限度

1. 固定的信仰

生物的生理特征与心理特征之间存在着密切的相似性。在生理特征中，我们能够看到一些不变，或者很少变化的要素，需要经历漫长的地质年代才会改变。在这些固定不变的特征之外，还有一些很容易变化的特点，地域、饲养员或种植者的手法都能将其改变。对于不够认真的观察者来说，这些多变的特点有时甚至会掩盖其基本特征。

精神特征方面也有相同的现象。在种族不变的心理元素之外，也有变幻莫测的要素。正因如此，在研究一个民族的信仰和意见时，我们总能看到有一个固定的支撑，上面嫁接的意见则如岩石表面的沙子，很轻易就会发生变化。

群体的信仰和意见构成了两类完全不同的东西。一方面，持久的信仰可以存在好几个世纪，整个文明都建立在这个基础之上，比如以前的封建理念、基督教理念和宗教改革理念，以及如今的民族观、民主理念等。另一方面，一时多变的意见常常出自普遍性的观念，这种观念每个时代都有新的产生，也有旧的消亡，比如各个时代指引文艺创作的理论，像产生的浪漫主义、自然主义等理论。这些观念与时尚一样肤浅，就像一片水很深的湖，湖面上的小浪花来了又去，永不停歇。

具有普遍性的伟大信仰在数量上很少，其产生和消亡对于历史上的每个种族来说，都是其历史的高点。信仰是文明真正的骨架。

暂时性的意见很容易进入群体成员的心里，却很难让一个持久的信仰在里面扎根，而持久的信仰一旦形成，同样很难将其清除。除非付出暴力革命的代价，并且信仰完全失去了对群体心理的控制，否则不可能将其改变。因此，革命所起的作用，就是把已经被逐渐舍弃，但由于习惯的桎梏还没能完全舍弃的信仰全部丢掉。革命的开始即旧信仰的落幕。

标志着伟大信仰死亡的时刻，就是从人们讨论其价值的时候开始的。所有普遍信仰都是一种虚构，也只有在不经受检验的情况下才能存续。

即使一个信仰被严重动摇，脱胎于其中的制度却仍发挥着作用，只会慢慢地消失。当信仰完全丧失威力后，它所支撑的一切便烟消云散。没有一个民族能改变其信仰而不变革其文明的所有要素。

他们会变革文明的要素直到一个新的普遍信仰产生，在此之前，他们将经历一段混乱时期。普遍的信仰是文明必备的支撑，信仰能指明思想的方向，也只有信仰才能激励信念，建立责任。

各民族都能感觉到获得普遍信仰的作用，也本能地知道，信仰的消失对他们而言就意味着衰败。对罗马狂热的崇拜让罗马人成为世界之主。而一旦信仰崩塌，罗马也将死去。而毁灭罗马文明的蛮族，也只有当他们形成了共同的信仰之后，才能拥有一定程度的凝聚力，从而走出混乱。

因此，各民族在维护其信念时显得狭隘偏执，也就事出有因了。从哲学角度上看，这种狭隘很值得批评，但对于民族的生存来讲，却是一种美德。中世纪时期，正是为了建立或者维护普遍的信仰，人们才码起这么多火刑用的柴火堆，才有这么多发明家和创造者在躲过酷刑后，在绝望中死去。为了捍卫这些信念，世界才会被推翻这么多次，才会有百万千万的人战死沙场，并且还将有更多的人继续赴死。

我们已经说过，要建立起一个信仰有这么多巨大的困难，可信仰一旦完全建立起来，其威力在很长时间之内是无可战胜的，并且，哪怕在哲学上它是多么荒谬，也能战胜清醒的头脑。1500年来，欧洲人民把一些宗教传说，比如摩洛[1]的传奇，当作不可辩驳的真理，但如果细细考察一下就会发现，这些传说十分野蛮。[2]上帝因为他的儿子创造出来的子民不服从他，便让儿子经受可怕的折磨，这个故事竟然在这么多个世纪中，没有让人察觉其中的荒谬。最伟大的天才，伽利略、牛顿、莱布尼茨，都没有在哪怕一瞬间想过，这种传说的真实性是有待讨论的。没有什么比这更能展现普

---

① 摩洛是《圣经》中记载的一位上古近东神明的名号，是古代迦南人所拜祭的神明。古代迦南人膜拜摩洛最特殊的方式是由父母把自己的子女作为祭品献上，放到火里焚烧。——译者注

② 我是想说在哲学上是野蛮的。但在实践中，这些传说创造了一个全新的文明，并且在很长时间里，让人民看到了梦里和希望中快乐的天堂，而今后人们不会再看到了。

遍信仰的催眠作用，同时也没有什么更能说明我们的心智有着让人难堪的限度。

一旦一个新的学说在群体里扎根，它就会成为其制度、艺术和行为的灵感来源，它对群体心理的掌控也便是绝对的。行动者会想着如何实现它，立法者会想着要执行它，而哲学家、艺术家和文学家则关心如何用不同的形式表现它。

从根本性的信仰中产生了暂时性的次要想法。这些想法总是会带着它们脱胎的信仰的印记。埃及文明、中世纪文明、阿拉伯的伊斯兰文明都是从小众的宗教信仰发展而来的，信仰在这些文明最微不足道的方面都留下了自己的印记，让自己可以立刻被识别出来。

有了普遍信仰，各个时代的人们就都处在传统、意见和习俗所形成的网络中。这是他们无法逃离的桎梏，也正是这些东西让他们每个人都变得有些相似。最具独立精神的心智也不会想到从中摆脱。真正的暴政是无意识地作用于人心的暴政，因为这是唯一无法与之对抗的暴政。提比略、成吉思汗、拿破仑也许都是令人生畏的暴君，谋反可以推翻一个暴君，但对已经建立起来的信仰能起什么作用呢？我们的大革命猛烈地反抗天主教，虽然得到了大批群众的拥护，用上了和宗教裁判所一样残酷无情的手段，但失败的却是大革命本身。人类真正的暴君从来都是死人的亡魂，或者是人类自己创造的幻觉。

一些普遍信仰在哲学上显得非常荒谬，但这并没有阻碍它们的成功。甚至可以说，如果这些信仰没有这种神秘的荒谬性，它就无法成功。宗教许诺的幸福理想只存在于来世，没有人能够亲眼验证其实现。

2. 群体易变的意见

我们刚才已经看到不变信仰的力量。在这层信仰之上，还存在着一层不断产生又消亡的意见、想法和思想。其中一些持续的时间十分短暂，而最重要的那些也超不过一代人。我们已经注意到，意见的相关变化有时非常肤浅，而无实际意义，并且总是带着种族的印记。比如，考虑一些我们国家的政治制度。我们已经指出，看起来完全相悖的党派，像君主主义党、激进派、帝制主义者等等，其实，他们的理想绝对一致，这一理想根植于我们种族的心理结构，因为其他国家的理想虽然有着相同的名字，但意义却完全不同。意见的称谓，以及障眼的改动，都改变不了事物的本质。大革命的资产阶级沉浸在拉丁文学中，眼睛紧紧盯着罗马共和国，采用其法律、束棒[①]和长袍，也没能成为罗马人，因为他们仍然在历史暗示的强烈控制之下。

哲学家的作用就是在表面的变化之下，寻找古代信仰遗留下来的东西，并且在时刻变化的意见中，区分出普遍信仰和种族心理所决定的演变。

如果没有这一标准，我们就会以为群体会频繁、随意地变换其政治或宗教信仰。的确，整个历史，包括政治、宗教、艺术和文学，似乎都证明了这一点。

我们以1790年至1820年这短短30年作为例子，这仅仅是一代人的时间。我们在这期间可以看到，一群最初的君主主义者，后来变成革命者，再后来变成帝国主义者，最后又变回君主主义者。在宗教上，他们从天主教变成无神论，然后又变成有神论，再然后又回到最极端的天主教。经历这些变化的并非只有群体，还有领导者。我们看到这些伟大的国民公会议员，发誓成为国王的敌人，不信神，也不要任何主

---

① 束棒是古罗马高级执法官的权力标志，中间捆着一把突出的斧头。——译者注

人，却成了拿破仑最谦卑的仆人，之后又在路易十八的队伍中，虔诚地捧着蜡烛。

在这之后70年，群体的意见又发生了多么大的变化！本世纪初的“背信弃义的英国佬”，在拿破仑的继承者那里，成了法国的同盟；两次与我们打仗、近来看到我们受挫就热烈鼓掌的俄罗斯，突然之间也成了我们的朋友。

在文学、艺术、哲学方面，意见的更替就更为迅速。浪漫主义、自然主义、神秘主义等等，来了又走。昨天受人追捧的艺术家和作家，明天就可能遭人蔑视。

但是，如果我们对这些看上去很深刻的变化进行分析，我们会看到什么？所有与普遍信仰和种族情感相悖的东西，都是转瞬即逝，改道的河流马上又回到主河道。没有依附于任何普遍信仰和种族情感的意见也就不具有任何稳定性，会受到任何偶然情况的摆布，或者我们可以说，经不起一丝环境的改变。这些意见在暗示和传染的作用下形成，永远都是暂时性的，来去之快就像海风在海边吹成的沙丘。

如今，群体易变的意见数量比以往任何时候都要多，主要有三方面的原因。

第一，古老的信仰逐渐失去其控制力，不能像以前那样作用于转瞬即逝的意见，给这些意见指明方向。没有了普遍信仰，空出来的位子就留给了一堆没有过去和将来的独特意见。

第二，群体的力量增长，能够与之抗衡的东西越来越少，他们极端多变的想法可以自由地表现出来。

第三，近期报纸的发展，将各种相反的观点不断地置于每个人面前。每种意见产生的暗示很快就被相对的意见所摧毁。没有一种意见能够传播开，所有都是转瞬即逝。在被传播得足够广泛，成为普遍性的舆论之前，这些意见便烟消云散了。

这些原因带来了世界历史上一个全新的现象，也是当今时代的一大特色。我想说的是，政府无力引导舆论。

在以前——这个“以前”并非很遥远，政府的行动、几个有影响力的作家，和一小撮报纸，才是舆论真正的调节器。今天，作家的影响力消失殆尽，而报刊也只是对舆论的反映而已。至于政客，更谈不上引导舆论，他们只会追随舆论。他们对舆论的害怕有时到了恐怖的地步，他们的行为完全不是固定不变的。

因此，群体的意见越来越成为政治的最佳调节器，它几乎可以只依靠群体运动，就能让国家结盟，正如与俄罗斯结盟的例子。

教皇、国王和皇帝在论及一个特定的主题时，都必须接受采访，将他们的想法提交给群体评判。这是我们今天一个十分有趣的现象。以前我们可以说，政治无关感情。但今天，当我们看到政治把无视理性、只随感情变化的群体冲动当作行动指南时，我们还能说政治无关感情吗？

至于报纸，曾经是舆论的指挥者，现在也像政府一样，在群体的力量面前隐身了。报纸当然具有相当大的能量，但仅仅是因为报纸能够反映舆论及其不断变化的形式。报纸成了简单的信息媒介，不再让人接受任何理念和学说。报纸只会追随公众思想的变化，而竞争的压力逼迫报社不得不这样做，否则读者就会流失。曾经那些庄严而具有影响力的机关报，上一代人都曾虔诚地聆听它们的预言，如今不是已经消失，就是变成消息小报，充斥着奇闻逸事、上层八卦、金融广告。今天还有哪家报纸能够富裕到允许撰稿人表达自己的见解？这些见解能在那些只想知道消息、获得消遣的读者那里拥有什么样的权威？这些读者只要一看到推荐，就想到投机。评论家甚至都不能推荐一本书或一部剧，他们只能带来伤害，帮不了什么忙。报纸都很清楚，个人意见毫无用处，因此将文学批评全部取消，仅仅给出标题，再加上两三行促销的广告即可。可以预见，再过20年，同样的事情将发生在戏剧批评上。

窥探舆论现已成为报刊和政府的主要关切。这个事件、这项立法提案、这次讲话会产生什么效果，是必须知道的。但这并不容易，因为没有什么比群体的想法更多变的了。前一天还在为一件事拍手称赞，转眼就对其强烈谴责。

舆论缺乏引导，与此同时，普遍信仰又彻底解体，带来的最终后果就是一切信念都四分五裂，对于没有触及直接利益的事情，群体和个人就越来越无动于衷。

过去30年里的变化十分惊人。在上个时代，距离我们并不遥远，舆论还有一个大致方向，脱胎于某个根本性的信仰。某人是君主主义者，那么他就一定持有特定的历史观和科学观；某人是共和主义者，那么他就一定具有完全相反的观点。君主主义者很清楚，人不是由猴子变来的；共和主义者也很明白，人就是从猴子进化来的。说到大革命，君主主义者一定心生恐惧，而共和主义者则充满敬仰。在提到像罗伯斯庇尔和马拉这样的名字时，共和主义者必然心怀虔诚，而对于恺撒、奥古斯都、拿破仑这样的名字，在提到时必须加以痛斥。即使是在索邦大学，之前也盛行这种天真的历史观。

今天，面对讨论和分析，所有意见都没有了威望。棱角很快就被磨掉，很少再有想法能够激起我们的热情。现代人变得越来越麻木不仁。

对于意见的消失殆尽，我们也无须过度哀伤。这是一个民族生命衰落的迹象，这一点毫无异议。有远见的人、传教人、领导人，总之一句话，那些心怀信念的人，总是比只会否定、批评和麻木不仁的人更有力量。但我们不要忘记，以现在群体的巨大威力，如果某一个意见要得到足够的威望来扎根于人心，它就必须具有强大的独裁权力，所有一切都得在它面前卑躬屈膝。自由讨论的时代早已过去。群体有时是心平气和的主人，就像在埃拉伽巴路斯[①]和提比略时代，但群体也会暴怒且反复无常。落入群体控制的文明会出

---

① 埃拉伽巴路斯（Héliogabale，约203—222），罗马帝国塞维鲁王朝的皇帝，218年至222年在位。他是罗马帝国建立以来第一位出自帝国东方叙利亚的皇帝。——译者注

现各种状况，存续不了多久。如果有什么能推迟文明的崩溃的话，那正是舆论极度的变化多端和群体对所有普遍信仰的无动于衷。

第三卷

不同群体的分类与描述

第一章

群体的分类

在本书中，我们已经明确了群体的普遍特征，现在还需要研究在不同群体中，存在于普遍特征之上的特殊特征。

我们首先对群体进行一个简单的分类。

我们从简单的一群人开始。由不同种族的个体组成的人群是最低级的形式。他们唯一的共同点是其中的个体或多或少地都遵从一位领袖的意志。这类人群的典型例子，就是在好几个世纪中不断侵犯罗马帝国的蛮夷，他们都来自不同的地方。

这类没有凝聚力的人群，是在某些因素的作用下，表现出一些相同特征，并最终形成一个种族的人群。这些人群有时候会表现出群体的特殊特征，但仍然受到种族因素的制约。

各民族中可观察到的群体类型可分为以下几种：

1.异质性群体。

（1）匿名群体，如大街上的群体；

（2）非匿名群体，如评审团、议会等。

2.同质性群体。

（1）派别，如政治派别、宗教派别等；

（2）职业群体，如军人、僧侣、工人等；

（3）阶级，如中产阶级、农民阶级等。

我们现在说一说区分这些群体的特征。[①]

1. 异质性群体

我们在之前就已经研究过这类群体的特征。这些群体由任意的个体组成，无论其职业和智力如何。

我们已经在本书中证明群体成员的心理与个体心理有着本质的不同，这种差异连智力也无法抹平。我们已经看到，

① 我最近的著作有关于群体不同类型的详细描述（《政治心理学》《舆论与信仰》《革命心理学》）。

智力在集体中完全不起作用，起作用的只有无意识的情绪。

种族这一根本性的因素可以清晰地区分不同的异质性群体。

我们不止一次提到过种族的作用。我们还指出，种族是决定人的行动最有力的因素，其影响力在群体特征中也有所表现。一个无论是由哪类人组成的人群，只要都是英国人或者中国人，会十分不同于另一个无论是由哪类人，却都是俄罗斯人、法国人、西班牙人等组成的人群。

遗传的心理结构会给人的感受和思考方式带来巨大的不同。在某些罕见的情况下，不同国籍的人按照大致相同的比例聚集在一起时，这种不同就会出现，无论将这些人聚集起来所能获得的利益看起来是多么的一致。社会主义者试图在各种大会上将各国的工人代表联合起来，但总会因公开的分歧而告终。一个拉丁民族的群体，无论革命也好，保守也罢，总会呼吁国家介入，以实现自己的诉求。这一群体总是中央集权式的，多少有点类似于恺撒。而英国人或美国人的群体则相反，他们不知国家为何物，只会诉之于个人行为。法国人的群体首先看重的是平等，而英国人则是自由。有多少民族，就有多少群体，这基本上就是种族差异带来的结果。

因此，种族心理就完全控制了群体的心理，它是强大的基质层，防止群体产生剧烈的波动。种族的心理越强大，群体的特征就越不明显，这是一项基本法则。进入群体状态，以及群体占主导的情况，就成了一种野蛮，或是向野蛮回归。种族只有获得强大的心理，才能逐渐摆脱群体那种不经思考的力量和沦为野蛮人的命运。

除了种族，异质性种族还有一个重要的分类，就是把他们分成匿名的群体，例如大街上的群体，以及非匿名的群体，如评议会和审判团。匿名群体不具备任何责任感，而非匿名群体恰恰相反，具有很强的责任感，由此造就了他们不同的行为方向。

2. 同质性群体

同质性群体包括:（1）派别;（2）职业群体;（3）阶级。

派别是同质性群体组织的第一个级别。派别中的个体，教育、职业、地位千差万别，仅因为信仰而联系起来，比如宗教和政治派别。

职业身份是最容易组织起群体的一个因素。派别中个体的职业、教育和地位迥异，只是通过相同的信仰联系起来；

而职业群体则只包括职业相同的个体，因此他们所受的教育和所处的地位也大致相似。军人群体和司僧侣群体是如此。

阶级中的个体出身不同，他们不像派别那样由相同的信仰联系起来，也不像职业群体那样因为职业相同而联系在一起。将他们联系起来的，是特定的利益、相似的生活习惯和教育背景，比如中产阶级、农民阶级等。

我只在本书中研究异质性群体，因此我会选择这一类中的几个典型案例加以探讨。

第二章

所谓犯罪群体

群体在受到一段时间的刺激之后，就会陷入简单无意识的自主行动状态，受到暗示的操控。由此，我们很难将他们视为犯罪群体。心理学研究中已经采用这种称呼，因此我暂且保留这一错误的说法。群体的某些行为，从自身来看，必然是犯罪，但这种行为就像是老虎为了让自己的幼崽们玩乐，于是在吃掉印度人之前，让幼崽们把他撕碎一样。

一般来说，群体的罪行都是强烈暗示的结果，参与其中的个体都相信自己是在履行一项责任。这并非一般犯罪的情形。

群体犯罪的历史证明了上面所言非虚。

我们可以把巴士底狱的典狱长德洛奈先生之死作为典型

案例。巴士底狱被攻陷后，激动的人群围住典狱长，对他拳打脚踢。有人提出把他吊死、砍头，或者把他绑到马的尾巴上。在挣扎的时候，他不小心踢到人群里一个人的脚。于是有人建议，让被踢者割了典狱长的脖子，这个建议立刻被群体所接受。

“这人是个没什么地位的厨子，一半是出于好奇，所以去巴士底狱看看发生了什么事。他觉得既然这是普遍的建议，那就是爱国的行为，甚至觉得自己摧毁了一个魔鬼，所以应该被授予一枚勋章。别人借给他一把大刀，他就朝典狱长露出的脖子砍去。但刀很钝，砍不动，于是他从口袋里掏出一把黑柄小刀（作为厨师，他很清楚如何切肉），很开心地完成了工作。”

在这里，我们很清楚地看到前文提及的机制。杀人者遵从集体强大的暗示，坚信自己的行为值得称赞，他获得了同胞一致的认可，因此这个信念非常自然。这个行为在法律上也许可视作犯罪，但在心理上却不是犯罪。

所谓犯罪群体的一般特征，正是我们在所有群体中观察到的：容易被暗示、盲目轻信、变化无常、容易将正面和负面的情绪夸大，表现出特定的道德水准。

所有这些特征，我们都可以在一个在历史上留下最阴暗回忆的群体身上找到，那就是参与九月屠杀的人。这些人和参与圣巴托洛缪大屠杀的人有许多相似之处。丹纳从时人的回忆中记录下当时的细节，我在这里借用他的叙述。

没人知道是谁下的命令，或者暗示把犯人全部杀光腾出监狱。也许是丹东，这完全有可能，或者是别人，但这并不重要。对我们来说，重要的是进行大屠杀的人所接受的强大暗示。

屠杀大军大约有300人，正好构成一个完美的异质性群体。除了极少数职业无赖以外，该群体主要是由各类店铺的老板和手工艺者组成，有鞋匠、锁匠、理发师、泥瓦匠、店员、掮客等等。他们受到怂恿，和上文列举的那个厨师一样，完全相信自己是在履行一项爱国的责任。他们身兼法官和刽子手的双重职责，绝不认为自己是在犯罪。

这些人坚信自己扮演着重要的角色，开始组成法庭，并且立马出现了和群体一样的简单思维和同样简单化的公平观。由于被告人数众多，他们决定把贵族、僧侣、官员和王室仆役一律处死，无须特别的审判。这些人在一位善良的爱国者眼里有罪的唯一证据，仅仅是他们从事的职业。其他人则按照其表情和名声来审判。由此，群体最原始的意识得到了满足，可以合法地进行屠杀，放纵自己凶恶的本性。这一本性的起源我已经在之前论述过，集体则能够将这一本能提到很高的程度。但这并不妨碍他们表现出一些相反的情绪——这也是群体的规律——他们的同情心常常和他们的残忍一样极端。

“他们拥有巴黎工人那种无法控制的同情心和转瞬即逝的善意。在修道院监狱，一个联盟派得知囚犯二十六个小时都没喝上水后，几乎想要把犯错的狱卒打死，如果不是犯人求情，他一定会这样做的。当一个犯人被（他们临时组建的法庭）宣布无罪时，无论是看守还是刽子手，所有人都会激动地拥抱他，疯狂地为他鼓掌。”然而转头又会去杀其他人。在大屠杀期间，欢快的氛围从未间断。他们围在尸体旁唱歌跳舞，甚至还礼貌地“为女士们”备好长凳，享受观看处死贵族的乐趣。他们还继续表现出一种特殊的公正观。在修道院监狱，一个刽子手抱怨说，坐得稍远的女士们看不清楚，而且现场只有一部分人才有亲手痛打贵族的机会。他们认为刽子手观察到的这一情形是正确的，于是决定让受害者在两排刽子手中间慢慢走过，让刽子手用刀背砍他，以延长他受苦的时间。在拉弗斯监狱，受害人被脱得精光，遭受长达半个小时的缓慢折磨，等每个人都看够了以后，刽子手才一刀把他开膛破肚。

屠杀者却十分谨慎，表现出我们之前提到过的群体道德：他们会把受害者的钱和首饰交到会议桌上。

在他们的所有行为中，我们可以看到群体心理特有的原始推理方式。因此，在杀掉1200个或1500个“民族的敌人”之后，有人提出，其他监狱还关着年老的乞丐、流浪汉、年轻的犯人，这些都是无用的人，不如把他们全都解决掉。这一暗示马上被接受。他们认定，在这些人中间还藏着不少人民公敌，比如一位名叫德拉间的女人，是一个投毒犯的遗孀：“她一定对坐牢深恶痛绝，只要有机会，她就会一把火烧了巴黎。这话她一定说过。她就是这么说的。还要除掉她。”这一论证再明显不过了，于是这些犯人都被处决，包括50多个12岁到17岁的孩子，因为他们将来也可能成为民族的敌人，所以必须斩草除根。

在忙活了一周之后，所有行动结束，刽子手们打算休息了。他们深信自己为祖国做出了贡献，都跑到政府讨赏，最坚定的人还要求被授予勋章。

1871年巴黎公社的历史也为我们提供了一些类似的事实。群体的影响力越来越大，而面对群体，政府的权力则不断妥协，这样的例子必然还将发生。

第三章

刑事法庭的陪审员

在此，我无法研究所有类型的陪审员，只能研究其中最重要的，即刑事法庭的陪审员。他们是非匿名异质性群体中的优秀例子。我们能看到，他们具有易受暗示、受无意识情绪支配、推理能力低下、易受领导人影响等特点。通过研究他们，我们有机会看到不懂群体心理学的人有趣的犯错事例。

陪审员首先证明了，从做决定的角度看，群体不同成员的智力水平无关紧要。我们已经看到，评议团在对一个并非完全的技术性问题提出意见时，智力起不到任何作用；一群学者或艺术家，在对一般性问题发表意见时，他们的判断不会和一群泥瓦工有明显不同。在不同时期，政府精心选拔人才组成陪审团，他们都是从知识分子阶层中挑选的，有教师、公务员、文人等等。如今，陪审团一般是由小商贩、小老板和雇员组成。然而，让专家们吃惊的是，统计数据表明，无论陪审团由什么样的人构成，他们所做的决定都是类似的。反对陪审团机制的法官，也不得不承认这一论断是正确的。一位刑事法庭前庭长贝拉尔·德格拉热先生，在他的《回忆录》中这样写道：

> 今天，挑选陪审员的权力实际上掌握在市议员的手里。而议员则根据自身所处环境的政治和选举需要，随意挑选或去除陪审员……大多数陪审员是商人，水准不如以前，还有一些机关的工作人员……作为审判员，他们的意见都与自身的职业交叉在一起，很多人充满了新手的热情。怀揣最良好意图的人，在最卑微的处境中相会，陪审团的精神没有改变：其判决依然如故。

我们要记住这段话的结论。结论是正确的，但结论的原因却解释得不正确。不必对这个错误的解释感到惊讶，因为对群体——陪审团——的心理，律师和法官都不怎么了解。我在同一个法官讲述的事实中找到了证据。拉朔是刑事法庭最出色的律师之一，在面对陪审团中的聪明人时，他会系统性地使用回避权。然而，经验——也只有经验——最终表明，回避权完全没有用。如今，检察院和律师，至少在巴黎，已经完全不再使用这项权利了。而正如德格拉热先生所注意到的那样，判决没有变化，“既没有更好，也没有更差”。

与所有群体一样，陪审团也深受情绪的影响，而对推理无感。一位律师写道：“当他们看到一个喂奶的妇女，或者一群孤儿时，就会受不了。”德格拉热先生说：“只要一个女人足够可爱，她就能赢得陪审团的欢心。”

面对可能触及他们自身的罪行时，陪审员往往冷酷无情。这些罪行也是对社会最有害的。但是，对于所谓的激情犯罪，他们却十分宽容。对于年轻母亲杀害自己孩子的行为，他们极少表现得十分严厉，对于遭到抛弃后，对引诱自己的人泼硫酸的女孩，他们更是宽容。他们本能地认为，这些罪行对社会没那么危险，而在一个法律不能保护被抛弃女孩的社会里，出现这样一个人来进行报复，并非有害，反而有益，这可以震慑后来的引诱者。[①]

陪审团与所有群体一样，十分容易受到威望的迷惑。德格拉热庭长的观察很对，他说陪审团在组织上是民主的，但在感情上却充满了贵族气：“姓氏、出身、财产、声望、聘请的著名律师、与众不同的事物、发光的东西，这些都是对被告有利的因素。”

对陪审团的情绪施加影响，和面对所有群体一样，少推理，或者只采用最基本的推理形式，这是一个好律师需要考虑的。一名在刑事法庭上屡获胜诉的英国著名律师曾分析过这一手段。

---

① 我们要注意，陪审员基于自身本能，对社会有害和相对无害的罪行进行区分，并非一无是处。刑事法律显然应该保护社会，而不是对罪犯复仇。然而，我们的法条，尤其是我们法官的脑海中，仍然充满着原始古老法律中的复仇精神。“诉讼”这个词（vindicte，源自拉丁语 vindicta，本义为复仇——译者注）还存在于日常生活中。我们有证据证明法官的这一倾向，即许多法官拒绝执行的《贝朗热法》，该法规定，犯人只有再度犯罪才能被惩罚。然而，没有法官能够否认，因为统计数据表明，对初犯的惩罚无可避免地会导致再度犯罪。法官们觉得，放掉一个罪犯，社会就没有得到复仇。他们宁愿制造一个危险的惯犯，也不愿社会得不到复仇。

> 他在辩护时仔细观察陪审团，这是他最喜欢的时刻。凭着敏锐的嗅觉和习惯，这位律师从陪审员的脸上看到他所说的每段话、每个字产生的效果，并从中得出结论。首先找出已经站在自己这边的人，辩护人只需要和他们握一遍手便可确定，随即他就转向那些看起来不怎么受他操控的人。他努力猜想为什么这些人反对被告。这是他工作中最为微妙的部分，因为判一个人有罪的理由有无数个，而这些理由并非出于正义感这么简单。

这段话很好地概括了演讲术的目的，也向我们表明，事先准备好的讲话是没用的，因为演讲者需要根据现场留给听众的印象来不断地改变措辞。

演讲者无须说服全体陪审团人员，只要争取那些决定整体意见的领导人即可。和所有群体一样，一小部分人指挥其他所有人。我在前面所引述的律师说道："我有经验，在宣布判决的时候，一两个精力充沛的人就能够左右其余的陪审员。"只需要用巧妙的暗示，来说服这两三个人。首先，最主要的就是取悦他们。只要我们能取悦群体中的一个人，他就几乎已经被我们说服了，他会把取悦者提出的任何说法都视为好的理由。我在一本有关拉朔律师的书里看到了下面这段故事：

> 我们知道，在刑事法庭上辩护时，拉朔的眼睛一直盯着两三个他认为——或者感觉——很有影响但性子很倔的陪审员。一般情况下，他都能把这些人争取过来。然而有一次，在外省，他遇到了一个人，足足四十五分钟，都没有被他最坚定的论证说服。这人坐在第二排第一个位子上，是第七位陪审员。真是让人绝望。突然，拉朔停止了他激情洋溢的辩护，对庭长说："庭长先生，您可不可以让人拉一下窗帘，就是那儿，对面，七号陪审员被太阳晒得睁不开眼睛。"七号陪审员脸红了，笑着道谢。于是这人站到了辩护人的一边。

许多作家，而且是最优秀的作家，最近都在强烈呼吁取消陪审团制度，但这却是唯一能够避免不受控制的阶层频繁犯错的制度。[①]有人希望，陪审团成员应从有经验有知识的阶层中选出。但我们已经证明了，即便是这样，陪审团所做的决定也会和现在一样。还有的人，因为陪审团犯了错，就希望废除陪审团制度，改由法官来代替。但是，他们怎么能够忘记，陪审团被指责所犯的错误，都是由法官先犯下的，因为交由陪审团审理的被告，已经被许多法官，包括裁判官、检察官和上诉法院的控告庭，认定有罪。人们难道看不到，如果被告由法官，而非陪审团来判决，他会失去洗清罪名的唯一机会。陪审团的错误，首先是法官犯的错误。当特别严重的司法错误发生时，首先该谴责的是法官，比如，对

① 事实上，法官这一职位是唯一一个行为不受控制的行政机构。法国的所有民主革命都没能赋予法国人“人身保护法”（habeas corpus）的权利，这一权利恰恰是英国人十分骄傲的一点。我们赶走了暴君，但在每个城市，一名法官就可以任意决定公民的荣誉和自由。一个小小的裁判官，刚走出法学院校门，就拥有只需简单假设一个人有罪，就把最受人尊敬的公民送进监狱的权力，甚至无须向任何人证明。这项权力令人反感。他可以以预审为借口，把人关押六个月，甚至一年，然后放人，但既没有赔偿，也无须道歉。传票（mandat d’amener）与秘密逮捕令（lettre de cachet，是由法国国王签发的信件，同时由法国国王的一位大臣加签，加盖皇家印章。逮捕的命令直接来自国王——译者注）完全具有同等效力。二者的区别在于，秘密逮捕令——人们在旧王朝时期对其的批评非常正确——只有级别很高的大臣才能签发，而今天的传票却掌握在一大群公民的手中，但他们绝非最聪明、最独立的人。

X医生的判决就是一个例子。一位半痴呆的女孩指控医生为了30法郎给她做了流产手术，这个愚蠢的裁判官便据此对医生提起了诉讼。假如民众没有爆发愤怒，让国家元首赦免了他，他就会被送去做苦役。被判刑的医生名声很好，他的同僚们纷纷支持他，这让判决的卑劣粗俗显而易见，甚至法官们自己也承认这一点。然而，考虑到身份问题，他们千方百计地阻挠赦令的签署。

在所有类似的事件上，陪审团遇到无法理解的技术细节时，自然会听从公诉人的意见，他们认为法官肯定已经对事件的细节了如指掌。那么，犯错误的到底是谁？是陪审团，还是法官？我们要大力维护陪审团。也许这是唯一一类不能被个体取代的群体，只有它才可以缓解法律的残酷性。法律的原则是人人平等，所以法律应当是盲目的，不可能了解案例的特殊性。法官无情，只知道白纸黑字，他以其职业性的冷酷，对入室盗窃的杀人犯，和一个因被抛弃、生活悲惨而杀死自己婴儿的女人，作出了相同的裁决。陪审员能够凭本能认识到，被诱惑的女子远不比诱惑她的男子罪行更重，男子却可以逃脱法律的制裁，所以他们需要宽恕女子。

在对等级团体的心理和其他群体的心理有所认识后，对于一个受到错误指控的案件，我无论如何也不会去找法官，而是求助于陪审团。在陪审团那里，我更有机会找回清白，而在法官那里机会却很小。群体的威力固然让我们心生畏惧，但有些等级团体的威力更让人害怕。有的群体可以被说服，而有的群体从不心软。

第四章

选民群体

选民群体，即可以选举担任某些职务的人的群体，属于异质性群体。但由于他们的行为只限于特定的一个点，即在不同的候选人中做出选择，所以他们身上只有少数我们之前描述的特征。他们最明显的表现就是推理能力低下、缺乏批判思维、易怒、轻信并单纯。在他们的决定中也能看到领导人的影响和前面所列举的那些因素的作用，包括断言、重复、威望和传染。

我们现在来研究他们是怎么被引诱的。从最成功的做法中，我们可以清晰地推导出他们的心理。

候选人需要的第一个特质是威望。个人的威望只有财富能够取代。才华、天资都不是成功的要素。

候选人要有威望，这样不经过讨论就能让人接受，这一点至关重要。选民主要由工人和农民组成，但他们很少选择自己阶层的人来代表他们，因为来自这一阶层的人没有任何威望。他们选自己人，只是出于一些不太重要的理由，比如抵制一个有名望的人，或者一个强势的老板。选民每天都依附于这些人，这一刻他便有了成为主人的幻觉。

但只有威望并不足以让候选人取得胜利。选民需要让自己的贪婪和虚荣得到满足，候选人需要用夸张的谄媚来恭维他们，毫不犹豫地向他们许下虚无缥缈的承诺。面对工人，候选人怎么咒骂、中伤他们的老板也不为过。面对对手，候选人要把他揉得粉碎，通过断言、重复和传染，将他塑造成一个无赖浑蛋，并且要让大家知道他犯下了多种罪行。当然，无须寻找任何证据。如果对手不了解群体的心理，就会试图通过辩解自证清白，而不是用同样恶意的中伤来回应对手的诽谤，这样，他没有丝毫成功的机会。

候选人写下来的竞选纲领不能过于明确，因为他的对手可以日后凭此对他进行攻击。但他的口头计划可以尽情夸张，他可以毫无顾忌地承诺进行最大限度的改革。这时候，这些夸张的说法能够带来很好的效果，而对将来则毫无影响。实际上，选民以后不会关心候选人是否落实了竞选纲领，而这个纲领却是选民选举他的原因。

在这里，我们可以看到所有上文中写到的说服因素，接下来，我们还会从词语和口号的作用中发现这些因素。我们展示过词语和口号的强大控制力。擅长使用它们的演讲者能随心所欲地引导群体。有些说法，比如可耻的资本、卑鄙的剥削者、令人钦佩的工人、财富的社会化等，虽然已经用得烂大街了，但总能产生相同的效果。候选人如果能发明一个没有任何确切含义的新口号，能适用于各种诉求的话，他一定能大获全胜。1873年西班牙的血腥革命就是由一个具有魔力的词语导致的。这个词的意义复杂，任何人都可以自行解读。当时一位作家记录下了革命爆发的情况，可以在这里引用。

> 激进派发现中央集权的共和国其实就是改头换面的君主制。于是，议会为了取悦他们，一致宣布成立联邦共和国，但没有一个投票者知道自己刚刚投的是什么。这个口号让所有人高兴，这就是一场痴迷和陶

醉。我们在地球上建立了用幸福的美德统治人民的国家。如果一个共和主义者的政敌不承认他的“联邦”头衔，他就会觉得受到了致命的侮辱。人们在街上高呼“联邦共和国万岁”来相互致意，然后便赞美毫无纪律的神圣国家和自治涣散的士兵。但什么是“联邦共和国”？一些人认为是各省解放，建立像美国一样的制度，或者是中央集权的下放；另一些人认为是消灭一切权力，立刻开始伟大的社会变革。巴塞罗那和安达卢西亚的社会党人鼓吹市镇的绝对主权，要在西班牙设立一万个独立市镇，只用自己制定的法律管理，同时取消军队和宪兵。很快我们看到，在南方省份，起义从一个城市蔓延到另一个城市，从一个村子扩展到另一个村子。每当一个市镇宣布自己独立之后，首先要做的就是捣毁电报和铁路，切断所有邻近城市和马德里的联系。没有一个小镇不想另起炉灶。联邦制被一种粗暴的各立门户形式所取代，到处可见杀人放火，无恶不作。

至于逻辑推理可能对选民思想的影响，只要读过任何一次选举会议的纪要就会得到答案。会议上迸发的都是各种断言、抨击，甚至大打出手，唯独没有理性。如果有一刻突然安静了下来，那一定是有难缠的人要给候选人提一个麻烦的问题让他难堪，这种问题总能让听众高兴起来。但是，反对派的满足不会持续很长时间，因为提问者的声音很快就会淹没于对手的叫喊声中。我从报纸上截取了以下记录，可以把它看作成百上千个相似记录的典型：

> 组织者请求与会人员选出一位主席，疾风骤雨即刻席卷而来。无政府主义者跳上主席台，想要夺走会议桌；社会党人则奋力保护；人们扭打在一起，互相指责对方是奸细、叛徒，等等。一位公民的眼睛被打肿，退了下去。
>
> 最后，桌子在喧闹声中勉强摆好了，X站上了讲台……
>
> 演讲者猛烈抨击社会党人。社会党人打断他，大声叫道："白痴！恶棍！流氓！"等等。对此，X陈述了一个理论作为回应，根据这一理论，社会党人都是"白痴"或者"闹剧演员"。

……阿勒芒党人[1]昨晚在庙市街交易所大厅里举行了一次大型预备会议，筹备五一劳动节的庆典工作，其主题是“宁静平和”。

G称社会党人是“白痴”“骗子”。

面对这些恶语相加，说者和听者开始相互攻击，大打出手，椅子、板凳、桌子都用上了，等等。

不要认为这样的讨论只存在于特定的选民中，也不要觉得这是由他们的社会环境造成的。在所有不具名的聚会中，即便参与者全都是文人，讨论也很容易变成一样的情形。我已经证明，群体中的人智力会趋于平均水平，对此，我们随时能找到证据。例如，以下是一个全部由学生参与的会议纪要：

夜越来越深，喧嚣声也越来越大。我觉得没有一个

① 让·阿勒芒（Jean Allemand，1843—1935），法国社会主义政治家，1871年巴黎公社老兵，工团主义先驱，革命社会主义工人党领导人，1905年法国工人国际支部创始人之一，法兰西第三共和国众议员。其追随者称为“阿勒芒党人”。——译者注

人能够不被打断地说完两句话。每时每刻，尖叫声此起彼伏，或者从四处传来。有人鼓掌，有人吹口哨；听众之间爆发了激烈的争论；有人挥舞拐杖威胁他人；有人有节奏地跺脚；叫喊声随着打断声而来：“让他出去！让他说！”

C先生满嘴都是卑劣、卑鄙、残暴、恶毒、唯利是图、睚眦必报这些话，并且宣称他要把这些东西全部消灭，等等。

有人会问，在这样的情况下，一个选民怎样才能形成自己的意见呢？但是，提出这样一个问题，就说明对集体所拥有的自由程度还抱有不切实际的幻想。群体只有强加给他们的观点，而绝不会有逻辑推理得来的意见。这些意见和选民的投票，大多掌握在选举委员会手里。操控委员会的人往往是一些酒商，他们给工人赊账，从而对他们产生很大的影响力。勇敢的民主捍卫者舍勒先生写道：“你们知道什么是选举委员会吗？简单地说，它是我们所有制度的钥匙，政治机器的关键构件。今天的法国就是由委员会统治着。”[①]

因此，对委员会施加影响并非难事，只要选民可以接受候选人，而候选人掌握足够的资源就可以。按照捐助者的说法，300万法郎就足够让布朗热将军赢得各种选举。

这就是选民群体的心理，和其他群体心理一样，既不更好，也不更坏。

所以，我不会根据上述内容得出反对全民普选的结论。如果我能决定是否全民普选，我会保持其原样，这是出于实用目的，其原因正是来自我们对群体心理的研究。我将对其展开陈述，但首先我要指出全民普选的缺陷。

全民普选的缺陷十分明显，无法忽视。不可否认，人类文明是由一小部分超常的人建立起来的，这些人构成了金字

---

① 无论委员会采用什么名字，叫俱乐部也好，叫辛迪加也罢，都是群体力量带来的最可怕的危险之一。实际上，委员会是专制最没有个性，也因此是最具迫害性的形式。委员会的领导人以集体的名义说话和行动，不具有任何责任感，什么话都可以说，什么事都可以做。最残酷的暴君也从来没有想过革命委员会所做的流放决定。巴拉斯（Barras）曾说，革命委员会消灭清算了国民公会。只要能以委员会的名义说话，罗伯斯庇尔就是绝对的主人。这位可怕的独裁者为了维护自己的自尊，离开委员会的这一天，就是他毁灭之时。群体的统治，就是委员会的统治，因此就是领导人的统治。无法想象还有比这更残暴的独裁统治。

塔的塔尖。而随着金字塔一层一层加宽，其智力的价值也就逐渐降低，每一层都代表国家的深层结构。文明的伟大显然不能依靠下层民众的普选，普选只能说明数量。群体普选还可能具有不小的危险性。这样的普选已经让我们遭受了好几次入侵。

我们只要回忆一下，观念转变成教条后会拥有不可战胜的力量，就知道这些反对意见在理论上虽然无懈可击，但在实践中却力量尽失。从哲学的角度看，群体主权的信条和中世纪的宗教信仰一样不值一驳，但今天却拥有绝对的威力。因此，它和从前的宗教思想一样无可辩驳。假设有一个自由的现代思想家被魔法带回中世纪，你会认为面对当时拥有主权的宗教理念，他敢于驳斥吗？当他落入法官之手，指责他与魔鬼签订协议，或者经常参加巫师夜会，而因此要把他烧死，他还会想到要反驳魔鬼或者巫师的存在吗？我们不和群体讨论信仰，就像我们不会同飓风争论一样。今天，普选教条的力量，与从前基督教教理拥有的权力一样庞大。演讲人和作家提到普选时的尊崇之情，是当年路易十四都没有享受过的。因此，对于普选要像对待所有宗教教条一样，只有时间能对它产生影响。

试图动摇这一信条毫无用处，因为它表面上对自己有利。托克维尔说：“在平等时代，人们不会对彼此产生信任，因为他们彼此相似；但同样是这种相似性，却让他们对公众的评判有着几乎无限的信任，因为他们认为，既然每个人的见识都相似，真理就不可能不站在多数人那边。”

那么，限制性选举，比如以能力为限，是否可以改善群体的选举？我一点也不这么认为，原因就在于前文提到的，无论由什么人组成，集体的智力都很低下。我再重复一遍，在群体中，人都会变得智力平平，对于一般性问题，40位院士投票的结果并不会比40名送水工更好。我不认为那些颇受非议的投票——比如恢复帝制——如果投票者仅从学者和文人中选出，结果会有什么区别。一个个体，无论是掌握希腊语或者数学也好，是建筑师、兽医、医生或者律师也好，在情绪的问题上，并不比别人更高明。我们所有的经济学家都是饱学之士，大部分都是教授、院士。但他们哪怕对一个普遍性问题，比如保护主义，达成了共识吗？面对充满未知因素的社会问题，他们被一种神秘感或者情感逻辑所左右，最终也会趋近于普通民众般的无知。

因此，假如仅由饱学之士组成选民，他们的投票情况也不会比如今的情况更好。他们会受自身情绪和党派精神所左右。我们如今遇到的问题一个也不会少，相反，还会因为等级团体，再加上一层沉重的暴政。

无论是普选还是限制性选举，无论是在共和国还是在君主国，是在法国、比利时、希腊、葡萄牙，还是在西班牙，群体选举在各处都相似，表达的都是种族无意识的需求和向往。各国当选者的平均水准代表的是这个民族心理的平均水平，每代人都是相似的。

于是，我们再次回到种族这一根本问题上来，之前我们已经多次说到过。我们还看到另外一个问题，这是从第一个问题衍生出来的，即制度和政府在民众生活中的作用非常小。民众主要由种族心理支配，即祖先的遗留物，而心理就是这些遗留物的总和。种族和日常需求，才是决定我们命运的主人。

第五章

议　会

议会是非匿名的异质性群体。时代和民族不同，议会的招募方式也不同，但其特征也有相似之处，从中可以看到种族的影响。种族可以减弱或者强化群体的这些特征，但绝不能完全掩盖它们。不同地区的议会，比如希腊、意大利、葡萄牙、西班牙、法国和美国，在其投票和讨论中都表现出巨大的相似性，给政府造成的困难也类似。

议会体制表现了所有现代文明民族的理想。它体现的这个想法从心理学上说是错误的，却得到广泛承认，那就是许多人在一起一定比一小部分人更能干，对于既定的主题，他们做出的决定更明智，也更具独立性。

我们在议会中可以看到群体的普遍特征：想法简单、情绪易怒、易受暗示、夸大情感、易受领袖的影响等等。但由于结构的特殊性，议会群体会呈现出一些不同的特点。我们会在后面指出。

想法简单是议会群体一个很明显的特征。在所有党派，尤其是拉丁民族的党派中，无一例外都存在一种倾向，即根据最简单的抽象原则和普遍适用的法则来解决最复杂的社会问题。每个党派的原则自然不一样，但仅仅因为个人聚集成群体，他们就会倾向于夸大自己党派原则的价值，并且把原则贯彻到底。因此，议会更能代表极端的意见。

议会想法简单有一个最好的例子，那就是法国大革命时期的雅各宾派。他们充满教条和死理的气息，脑子里充斥着含混不清的普遍观念，只在乎固定的原则，而不管事实如何。我们甚至可以说，他们经历了大革命，却对其视而不见。他们想凭着几个教条，就把整个社会完全重塑，并让一个精致的文明退回社会发展的史前时代。实现这一梦想所采取的办法也来自绝对的简单化。事实上，他们几乎要把所有的障碍全部扫清。吉伦特派[①]、山岳党[②]、热月党[③]等这些，都是由相同的精神支配。

议会群体极易受到暗示。和所有情况一样，暗示来自拥有威望的领袖。但议会群体易受暗示的程度，又有明显的界限，我将在下面指出。

对于地方事务，每个议会议员都有固定不变的意见，没有什么论证能够撼动。在处理保护主义或酒商特权的问题时，即使是德摩斯梯尼[④]也改变不了任何议员的投票，因为保护主义和酒商代表了有势力的选民的需要。这些选民事先就会发出强烈的暗示，足以消除其他一切暗示，从而让他们的意

---

① 吉伦特派（Girondist），也称吉伦特党，是指法国大革命从1791年到1795年，源自吉伦特省（Gironde）的一个政治派别。吉伦特派由国民立法议会和国民公会的议员组成，代表当时信奉自由主义的法国工商业资产阶级。——译者注

② 山岳党（Montagnards），又称山岳派，是法国大革命时期一个激进派政党，反对吉伦特派，代表人物为罗伯斯庇尔和丹东，以其成员都坐在议会最左侧的高台上而得名。——译者注

③ 热月党（Thermidoriens），法国大革命中后期的一个政党，存在于1794年至1799年。热月党得名于1794年的热月政变，即反对罗伯斯庇尔和圣茹斯特的政变。政变成功后，罗伯斯庇尔和圣茹斯特及其支持者一起被送上断头台。——译者注

④ 德摩斯梯尼（Démosthène，公元前384—前322），也译作德摩西尼，古希腊著名的演说家，民主派政治家。——译者注

见绝对稳定。[①]

对于普遍性问题，例如撤销一个部委、设立新税种等，议员的意见便没有了确定性，领袖的暗示可以起到作用，但其作用又与普通群体不完全一样。每个政党都有一个领导人，有时候他们的影响力相当。因此，议员接受的暗示会相互抵触，从而使其变得极度犹豫。所以我们会经常看到，仅仅隔了15分钟，同一个议员就会投出相反的票，在法律中附加一个使其失效的条款。例如，先不允许企业家挑选和开除工人，然后又通过一项修正案差不多把这条规定完全取消。

因此，在每个立法机构里，同一个议会的意见，有的牢固不破，而有的却摇摆不定。普遍性问题更多些，因此摇摆不定的情况占据上风。由于选民持久的担心，这种摇摆不定一直存在，因为来自选民的暗示总是姗姗来迟，与领袖的影响相抗衡。

---

① 一位英国老议员的说法也许说的正是那些事前就确定好，并因为选举需求而无法改变的意见："我在威斯敏斯特占有一席之地已经五十年了，我听过成千上万次演讲，但很少能改变我的想法，更没有一次演讲改变过我的投票。"

但是，在议员并没有事先确定意见的大会中，领袖仍然是各种辩论的绝对掌控者。

领袖的必要性显而易见，因为他们在各个国家都以小组领导的名义出现，他们是真正主宰议会的人。群体中的人不能没有主人，因此议会的投票基本上只代表了少数人的意见。

我们再重复一次，领袖很少通过逻辑推理起作用，而是让他们的威望来说话。当遇到一个让他们威信扫地的情况，他们也就失去了影响力。

领袖的这种威望完全属于他个人，和他的名号和声誉都无关。儒勒·西蒙先生是1848年议会的议员，他在谈及议会中的伟人时，举了些十分有趣的例子。

> 路易·拿破仑在掌权之前的两个月里还一无是处。
>
> 维克多·雨果走上讲台，并没有成功。人们听他说话，就像听费利克斯·皮亚[①]讲话一样，掌声稀稀拉拉。

---

① 费利克斯·皮亚（Félix Pyat，1810—1889），法国著名记者、剧作家、政治家，巴黎公社领导人。——译者注

沃拉贝尔[1]在提到费利克斯·皮亚的时候对我说："我不喜欢他的想法，但他是法国最伟大的作家和演说家。"埃德加·基内[2]是个少有的强大人物，也不被重视。在议会开设前，他一度很有名，但在议会里，他却一点名气也没有。

政治集会是地球上天才的光环最没用的地方。人们记住的只有天时地利的激辩，注重的只是对党派而非国家的贡献。要享受1848年拉马丁和1871年梯也尔得到的那种崇敬，就必须有紧迫而必要的利益刺激才行。一旦没有了危险，人们立刻就会忘记感激和恐惧。

我引用这段话，是因为其中的事实，而非作者给出的解释。这些解释是一种平庸的心理学。一个群体如果能够想到领袖无论是对国家还是党派做出的贡献，就立马失去了群体

① 阿希尔·特纳耶·德·沃拉贝尔（Achille Tenaille de Vaulabelle，1799—1879），法国记者、政治家，曾于1848年出任法国公共教育部部长。——译者注

② 让·路易·埃德加·基内（Jean Louis Edgar Quinet，1803—1875），法国历史学家、诗人、哲学家，坚定的共和派，歌颂法国大革命，支持欧洲革命运动，后因反对拿破仑政变而流亡比利时和瑞士。他撰写了大量历史作品，如《大革命》《基督教与法国大革命》等，对后世影响很大。——译者注

的特征。群体总是受领袖名望的影响，利益或感恩左右不了群体的行为。

拥有足够威望的领袖几乎掌握了绝对的权力。人们都知道一位著名的议员在多年里凭借名望而拥有了巨大的影响力。后来因为一些财务问题，他的名望一时间一落千丈。他发个信号，许多部长就下台了。有位作家用下面的文字，清楚地描写了他的行为所带来的影响。

> 主要是因为C先生，我们才以高于原价三倍的价格买下北圻，在马达加斯加的地位受到威胁，在尼日尔河下游丢掉了整个帝国，在埃及失去了曾经拥有的支配地位。C先生的理论让我们失去的领土，比拿破仑的惨败还要多。

但我们也没必要过于苛责这位领导人。他显然让我们付出了巨大的代价，但他的大部分影响力来自他所追随的民意。在殖民地问题上，当时的舆论和现在完全不同。领袖很少能超前于舆论，他更多只是采纳舆论中错误的部分。

除了名望之外，领袖说服别人的方法还包括我们已经多次提到的因素。领袖要巧妙地利用这些手段，就必须深入地——至少是无意识地——了解群体的心理，知道怎样和他们说话，尤其需要把鼓动人心的词语、口号和意象熟记于心。他还应该拥有特殊的口才，演讲中全是用简单逻辑推导出来的激情的断言和鲜明的意象。这类演讲在所有议会中都存在，包括最冷静的英国议会。

英国哲学家梅因①说道："在下议院的辩论中，我们常常看到，辩论都是些无力的泛泛而谈和愤怒的人之间的交流。出于对纯粹民主的想象，这些泛泛的口号却可以产生惊人的效果。让一群人接受被诱人的辞藻包装好的笼统论断十分容易，即便这些论断根本没有经过验证，并且可能永远也不会接受任何验证。"

上面引文所说的"诱人的辞藻"的重要性，再怎么强调也不为过。为唤起鲜活的意象而精心挑选出的词语和口号，所具有的特殊力量我们已经多次强调过。下面这段话出自议会的一位领导人，是一个很好的例子：

---

① 亨利·萨姆纳·梅因（Henry Sumner Maine，1822—1888），19世纪英国法学家、人类学家，被认为是法律社会学、法律人类学、比较法学的先驱。——译者注

“把欺诈成性的政客和杀人越货的无政府主义者放到同一艘船上，运到热病流行的流放地，他们就有时间促膝长谈，发现原来对方和自己是同一个社会结构中互补的两面。”

由此唤起的意象清晰而明确，演讲者的所有对手都会感到威胁。他们瞬间就看到了热病流行的国家和要把他们带走的大船，因为那一类政客十分宽泛，万一他们就属于这种受到威胁的政客呢？于是，他们感受到了当年国民公会议员听到罗伯斯庇尔用断头台威胁他们时那种无声的恐惧。最终，这种恐惧会逼迫他们让步。

领袖必须会说一些似是而非的夸张论断。我上面引述的那位演说家果决地说，银行家和教士收买了扔炸弹的人，大型金融企业的管理者应该接受和无政府主义者一样的惩罚，这些骇人听闻的话都没有招致什么反对。类似的手法总是能对群体有效。断言再疯狂也不过分，言论如何具有威胁性也不为过。没有什么比这些更能恐吓听众了，因为他们担心如果自己抗议的话，会被当成叛徒或者同谋。

我刚才说过，这类特殊的辩论术在所有的议会中都存在，并且在关键时刻，这种口才只会加强。从这一点看，读一读大革命时期那些伟大演说家的演讲就显得非常有意思。他们认为自己必须不时地停下来，痛斥罪行，歌颂美德；接着再咒骂暴君，发誓不自由毋宁死。于是，听众站起来，狂热地鼓掌，等冷静之后再坐下。

领导人有时可能是聪明又有学问的，但这对他有害而无利。智慧让他解释清楚事情的复杂性，让他能够做出澄清，增进理解，从而让他变得宽容，大大降低信众所需信念的强烈和粗暴程度。任何时代的伟大领袖，特别是大革命时期，智力都很有限，却造就了伟大的事业。

罗伯斯庇尔是他们中最出名的一个。他的演讲前后不一致的地方让人惊叹。读他的演说，我们实在找不到任何解释，能够说明这位强权独裁者为何能起到这么大的作用：

> 他演讲的内容都是些拉丁文化中常有的教科书式的老生常谈，服务的对象与其说是平庸，倒不如说是幼稚。在攻击和防守时，只会像学生那样说："你试试！"没有思想，没有措辞，也没有特点。急风骤雨般的话语之下，掩藏的是无聊。听完这枯燥无味的讲

话之后，我们想像可爱的卡米耶·德穆兰[①]一样，长长地出一口气。

强烈的信心，加上狭隘的头脑，给了一个名人这样大的权力，这想想都可怕。然而，要无视所有障碍，知道自己想要的，这些就是必备条件。群体会出自本能地把精力旺盛、信念坚定的人当作他们所需的主人。

在一个议会里，演讲的成功几乎完全取决于演讲者的威望，而绝非演讲者提出的理由。

一个默默无名的演讲者，准备了一份充满理性，但也只有理性的演讲，是不会有机会被人聆听的。

前议员德居博先生用下面的文字描述了一位没有名望的立法者的形象：

他走上讲台，从公文包里拿出一份文件，依次摆在

① 露西·森普利斯·卡米耶·伯努瓦·德穆兰（Lucie Simplice Camille Benoist Desmoulins，1760—1794），法国记者、政治家，法国大革命的重要人物。他是罗伯斯庇尔儿时的朋友，同时也是丹东的密友，后来与丹东一起接受审判并被处决。——译者注

面前，很有把握地开始讲话。

他感觉能够把他提出的信念扎根于听众的脑海里。他对论据字斟句酌，数字翔实，论点充分。他坚信很有道理。在他提供的证据面前，任何反驳都是无用的。他开始了演讲，对公理充满自信，也相信他的同事们，因为他们肯定会屈服于真理。

他讲着讲着突然发现了大厅里骚动起来，下面的吵闹声让他感到不快。

为什么不安静下来？为什么普遍不专心？那些交头接耳的人在想什么？那人有什么急事非要离开他的座位？

他的额头上显示出一丝不安，他皱着眉头停了下来。在主席的鼓励下，他又继续开始，提高了声音，但更没人听他讲了。他加重了语气，变得焦躁起来，周围的声音提高了一倍。他自己说话的声音都听不到了，再次停了下来，但害怕自己不说话会招来那句让人不快的喊声：闭会！于是他又加快速度讲了起来。嘈杂声让人无法忍受。

激动到一定程度的议会就会变得和普通的异质性群体一样，因此，他们的情绪也呈现出永远极端化的特点。我们能看到他们既有英雄主义的行为，也会做出格过分的事。个体不再是自己，投票支持最违反个人利益的措施。

大革命的历史表明议会能变得多么的无意识，并接受与其利益相反的暗示。贵族放弃他们的特权，是一种巨大的牺牲。可就在制宪会议召开的那个著名的晚上，贵族们就毫不犹豫地完全放弃了。国民公会议员放弃自己的豁免权就意味着随时随地都有死亡的危险，但他们还是放弃了，而且也不害怕相互伤害。但他们都很清楚，今天同事所上的断头台就是明天给他们自己准备的。但无意识的行为假如真到了我描述的这种程度，就没有什么思想能够阻止他们屈服于将他们催眠的暗示了。比约-瓦雷纳[①]就是其中之一，他回忆录里的这段话表现得十分典型。他说："人们激烈批评我们的决定，**要是放在两天前、一天前我们都极可能不会同意的。但危机一到，就全都通过了。**"说得太

① 雅克·尼古拉·比约-瓦雷纳（Jacques Nicolas Billaud-Varennes，1756—1819），律师、山岳党人，起初拥护罗伯斯庇尔，但后来在热月政变中反对罗伯斯庇尔，后来被流放法属圭亚那。——译者注

对了。

同样的无意识现象，在国民公会争论激烈的会上屡见不鲜。

> 他们同意和宣布的，丹纳写道，都是他们极度害怕的。不只是蠢事、疯狂的事，还有各种罪行、对无辜者和自己朋友们的杀戮。左派联合右派，热烈鼓掌，全票通过，将左派天然的领袖、大革命的推动者和领导人丹东，送上了断头台。右派与左派联合，热烈鼓掌，全票通过了革命政府最坏的法令。在敬仰和狂热的叫喊声中，在对科洛·德尔布瓦[①]、库东[②]和罗伯斯庇尔的热烈追随中，国民公会通过自发多次的重新选举，全票维持了杀

---

① 让-玛丽·科洛·德尔布瓦（Jean-Marie Collot d'Herbois，1749—1796），演员、剧作家、剧院经理、山岳党议员、公共安全委员会（Comité de salut public）委员。他与比约-瓦雷纳一起处决了罗伯斯庇尔，后来死于法属圭亚那。——译者注

② 乔治·奥古斯特·库东（Georges Auguste Couthon，1755—1794），法国政治家、律师，曾任国民公会主席，一直与罗伯斯庇尔和圣茹斯特关系密切。热月政变后，他也与这两人一起被处决。——译者注

人政府的存在。平原派[1]因为这个政府杀人而憎恨它，山岳党因为这个政府削弱了他们也憎恨它。平原派和山岳党、多数派和少数派，最后都成了杀死自己的帮凶。牧月22日，整个国民公会把脖子伸进断头台；热月8日，罗伯斯庇尔发言之后的十五分钟里，他们再一次伸出了脖子。

这画面可能看起来很阴暗，但十分写实。足够激动且受到催眠的各国国会，都会呈现出相同的特点。国会成了移动的羊群，在各种冲动的刺激下行动。下面这段话十分典型，它是斯普勒先生描写的1848年议会，其民主信仰毋庸置疑。这段话转自《文学杂志》，从中可以看到所有我描述过的群体夸张的情绪，以及极端的多变。这种多变能在一瞬间从一种情绪转向完全相反的情绪。

分歧、嫉妒、猜疑，以及不时的盲目信任和无限的

① 平原派（La Plaine），亦称沼泽派（Le Marais），法国大革命时期国民公会的一个政治派别。在公会里，他们坐在右翼的吉伦特党人和左翼的山岳党人之间。——译者注

希望，让共和党走向了失败。议会既天真幼稚，又怀疑一切。他们没有任何法制意识，完全不懂规则，只有毫无限度的恐怖与幻想。这一点上，他们就像是农民和孩童。他们有多冷静就有多急躁，有多野蛮就有多顺从。这是性格不健全且缺乏教养的结果。没有什么事情能让他们吃惊，但任何事情又都能让他们感到困惑。他们既能战战兢兢、十分害怕，又可以做到不屈不挠、气概十足，既可以赴汤蹈火，又能胆小如鼠。

他们根本不清楚事情的效果，也不知道事物之间的联系。他们会很快感到绝望，又会很快激动不已，会随时陷入恐慌，不是热情高涨，就是垂头丧气，永远把握不好恰当的尺度。他们比水更变化无常，能够折射出各种颜色，化作各种形状。我们能够指望他们建立起怎样的政府呢？

幸运的是，我们刚刚描述的议会特征并非总会一齐表现出来。议会只在某些时候是群体。在大多数情况下，构成议会的个体能够保持个性，正因为如此，议会能够制定优秀的技术性法律。的确，这些法律都是由专家在工作室里安静地起草的，而接受投票的法律实际上是个人作品，而非整个议会的作品。这些法律自然是最好的。只有加入一系列无意义的修正案，让它成为一部集体作品之后，才变得糟糕起来。无论何地何时，群体的作品总是不如单独个体的作品。专家单独一人可以阻止议会同意毫无条理、未经试验的措施，所以他们可以暂时成为领导人。议会影响不了他们，反而是他们影响议会。

虽然议会在运行上有着各种各样的困难，但这仍然是迄今人民所找到的最好的自治方法，可以最大限度地免受暴君的压迫。至少对于哲学家、思想家、作家、艺术家和学者——一句话，对于构成文明顶层的人们来说，议会无疑是最理想的政府。

议会面临的严重危险仅有两种：必然的财政浪费和对个体自由的逐步限制。

第一种危险是选举群体的苛责与冒失的必然结果。一部分议员提出的措施，看上去是要满足民主表面的诉求，比如保障所有工人的退休权，提高养路工人和小学教师的待遇等，其他议员由于害怕选民，不敢无视这些人的利益而反对这些举措。然而，他们清楚这项措施会大大加重预算压力，必须设立新的税种。投票时是不可能犹豫的。支出增长带来的后果还遥遥无期，也没有什么让他们不快的地方，然而，投反对票的后果在第二天就会显现出来，他们就必须直面选民。

超支的原因除了第一个以外，还有一个迫切的原因：必须同意所有投给地方上的支出。议员不可能对此表示反对，因为这也是选民的要求。而每位议员都想满足自己选区选民的要求，那就必须答应其他同僚相同的要求。[①]

---

① 1895年4月6日的《经济学家》(*économiste*)进行了一次很有意思的核查。它回顾了一年之内，纯粹为了满足选民的利益诉求，需要付出多大的支出，尤其是在铁路建设方面。为了将坐落在山顶上的朗盖伊镇（Langayes，一座有3000个居民的小城）和勒皮市（Le Puy）连接在一起，投票修建了一条耗资1500万的铁路。连接波蒙（Beaumont，居民3500个）和卡斯泰尔－萨拉赞（Castel-Sarrazin），700万。连接乌斯村（Ous，居民523个）和赛克斯村（Seix，居民1200个），700万。连接普拉德（Prades）和奥莱特镇（Olette，居民747个），600万。如此种种。仅1895年一年，议会通过了9000万预算修建毫无整体效益的铁路。其他为满足选民需求的支出同样不可小觑。据财政部统计，工人退休的相关法律每年的支出将至少是1.65亿，而勒鲁瓦－博利厄（Leroy-Beaulieu）院士计算的结果更高达8亿。这种支出不断增加，最后的出路必然是破产。许多欧洲国家，包括葡萄牙、希腊、西班牙和土耳其，都已经破产了。其他国家不久也会这样。但我们无须对此过分担心，因为民众已经慢慢接受且没有过多地抗议各国减少支付五分之四的息票。这种聪明的破产，可以在短时间内让这些预算窟窿达到平衡。战争、经济斗争让我们面对各种灾难。我们的世界正在全面解体，我们只能过一天算一天，不要太担心不一定来得了的明天。

上面提到的第二种危险，即议会对个人自由不断增加限制，虽然表面上不太明显，但却真实存在。这一危险来自众多法律，这些法律限制性很大，但议会头脑简单，看不到法律带来的长期结果，就认为一定要通过这些法律才行。

这种危险不可避免。即使议会制度最完美、议员相对选民最独立的英国，也没能规避这一危险。赫伯特·斯宾塞在很早以前的一部著作中就指出，表面上自由的增加一定会伴随着实际自由的减少。在《个体反对国家》一书中，他再次提出这一论点。在这本书中，他是这样描述英国议会的：

> 从这个时代开始，立法就沿着我指出的轨迹在运行。独裁式的措施增加得很快，不断地限制个人自由。方式有两种：首先，每年都制定大量的法规，对公民过去可以完全自由处理的事务进行限制，迫使公民做一些过去可做可不做的事情。其次，越来越重的公共负担，尤其是地方层面的，减少了他可随意支配的收益，但增加了公共机构向他收取的原本能按自己喜好来消费的份额，从而限制了他的自由。

这种对自由渐进式的限制，在各个国家都以特殊的形式表现出来，这一点赫伯特·斯宾塞没有指出来，即它们采取了数不胜数的法律措施，普遍是限制性的，这必然会增加执行这些措施的公务人员的数量、权力和影响。这些人会成为文明国家真正的主人。政府可以不断更替，但行政阶层却保持不变，只有他们可以不负责任、毫无个性、长期存在，因此权力也就更大。在所有专制统治中，同时具有这三种特点的专制才是最沉重的。

不断地设立约束性的法律法规，给生活中哪怕最平常的行为都套上了最复杂的条条框框，这样带来的致命后果是，公民自由活动的空间越来越窄。人民以为法律越多，平等与自由就能得到越好的保护。正是由于这一幻觉，他们每天都在接受越来越沉重的拘束。

他们接受这些并非毫无后果。习惯了忍受一切桎梏以后，他们很快会主动去寻找桎梏，并失去所有自发性和活力。于是，他们成了虚无的影子，消极、丧失主观意志，变成不知道反抗的木偶。

但是人如果在自己身上找不到动力，那就会去别处找。随着公民的麻木与无能越发强烈，政府角色就必须越来越强大。政府必须具备个体所失去的主动性、首创精神和指导能力，个体的一切都需要政府承包、指导和保护。于是，国家变成了全能的神。而经验表明，这种神性的权力既无法持久，也不会很强大。

一些民族逐渐对一切自由进行限制，虽然似乎有一种保障他们拥有这些自由的幻觉。造成这一结果的原因，似乎并不只是某种体制，更是因为这些民族自身的衰老。这是进入衰落期的先兆，迄今为止，没有任何一个文明可以逃脱。

从过去的教训和各种明显的征兆来看，多个现代文明已经进入了衰落前的极度衰老时期。对所有民族而言，有些演变是致命的，因为在历史中我们经常看到这些过程不断地重复。

这些演变的阶段很容易就能识别出来。我将简述这些过程，以此来结束本书。

如果我们循着文明的主要线索，考察过去文明的辉煌和衰败的过程，会看到什么呢？

在文明初期，一群来源不同的人，由于迁徙、入侵或占领等原因聚集到一起。这些人血统各异，语言和信仰也不尽相同，把他们联合在一起的唯一纽带，就是或多或少地认同某个首领所颁布的法律。在这些混乱的人群中，群体心理的特征十分突出，有短暂的凝聚力，有英雄主义，也有软弱可欺和冲动暴力。这些群体一点也不稳定，他们就是蛮夷。

随后，时间会发挥作用。一致的环境、不断的通婚、共同生活的需求，这些因素慢慢开始起作用。聚在一起的不同群体开始融合，形成一个种族，即拥有共同特征和情感的集合体，这些特征和情感在遗传的作用下会日益稳固。群体成为一个民族，而这个民族也将走出野蛮。

要想完全成为一个民族，就必须经过长期的努力、不断的斗争以及无数次反复，并从中萌生一个理想。具体是什么样的理想并不重要。不管是对罗马的崇拜、雅典的强大，还是安拉的胜利，都无所谓，只要能让形成中的种族的所有个体获得情感和思想上的统一即可。

一个新的文明，包括全新的制度、信仰和艺术，由此诞生。在理想的驱动下，种族可以逐渐拥有一切能赋予其辉煌、力量和伟大的东西。也许种族有时仍然是群体，但在群体变动不居的特征下存在一个稳定的基质层，这是种族的心理，它可以严格限制民族摇摆变化的范畴，降低随意行动的可能性。

但时间的创造行动结束之后，就开始进行破坏了，神和人都无法逃脱。当文明的强大和复杂达到一定程度之后就会停止自身的发展壮大，而只要文明不再发展，就注定会很快衰落，衰老期的变化会很快到来。

这个时刻无法避免，其标志是，作为种族支撑的理想开始衰竭。随着理想的衰竭，受它启发而建立的宗教信仰、政治制度和社会结构也会开始动摇。

随着理想的逐渐消失，种族会逐渐失去团结、统一和强盛的来源。个体的个性和智力可能会增长，但同时，集体性利己主义将屈服于过度膨胀的自私自利，随之而来的是集体特征的削弱和行动力的退化。曾经的民族、集体、集团，最后变成了一群毫无凝聚力的个体，只能通过传统和制度人为地维持着。人们被不同的利益和追求分化，无法自治，便要求在最微不足道的行为上都有人领导，于是国家开始发挥它举足轻重的作用。

在古老的理想彻底消失后，种族也失去了灵魂。它不过是一堆孤立的个体，重新回到了初始状态：一个群体。它具有群体所有的过渡性特征，既不统一，也没有将来。文明不再稳定，只能随波逐流。庶民为王，蛮夷盛行。文明保有过去长期累积起来的外表，看上去可能依旧光鲜亮丽，但实际上，已经成了一座岌岌可危的建筑，没有任何支撑，风暴一来，便会轰然倒塌。

在追寻梦想的过程中，从野蛮发展为文明；在梦想失去号召力后，又从衰落走向死亡：这就是一个民族的生命周期。

图书在版编目 (CIP) 数据

乌合之众：群体心理研究 /（法）古斯塔夫·勒庞著；杨恩毅，李媛译．—北京：中国法制出版社，2020.12

书名原文：Psychologie des foules

ISBN 978-7-5216-1491-6

Ⅰ．①乌…　Ⅱ．①古…　②杨…　③李…　Ⅲ．①群体心理学－研究　Ⅳ．① C912.64

中国版本图书馆 CIP 数据核字（2020）第 239575 号

策划编辑：李　佳（amberlee2014@126.com）

责任编辑：李　佳　黄一迪　刘　阳　　封面设计：汪要军

乌合之众：群体心理研究

WUHEZHIZHONG：QUNTI XINLI YANJIU

著者 /［法］古斯塔夫·勒庞

译者 / 杨恩毅　李　媛

经销 / 新华书店

印刷 / 三河市紫恒印装有限公司

开本 / 880 毫米 ×1230 毫米　32 开　　印张 / 7.25　字数 / 114 千

版次 / 2020 年 12 月第 1 版　　2020 年 12 月第 1 次印刷

中国法制出版社出版

书号 ISBN 978-7-5216-1491-6　　定价：29.80 元

北京西单横二条 2 号　邮政编码 100031　　传真：010-66031119

网址：http://www.zgfzs.com　　编辑部电话：010-66054911

市场营销部电话：010-66033393　　邮购部电话：010-66033288

（如有印装质量问题，请与本社印务部联系调换。电话：010-66032926）